JN238248

星野リゾートの教科書

サービスと利益 両立の法則

中沢康彦 著　日経トップリーダー 編

はじめに

星野リゾートは旅館・ホテルの運営会社である。長野県軽井沢町で創業し、4代目の経営者である星野佳路社長は、顧客満足度アップと収益力向上の両立を掲げ、会社を成長させてきた。この10年で、軽井沢の老舗企業から、全国でリゾート施設を運営する企業へと変身を遂げた。日本各地でリゾートの運営を引き受け、業績を向上させていると同時に、軽井沢や京都では高級旅館「星のや」の展開を進めている。

星野社長の打ち出す経営戦略は、時として常識破りに見える。カレーライスに「おいしさ保証」をつけたり、旅館で働いたことがない社員をいきなり高級旅館の総支配人に抜擢したりする。「話題を作ろうとしているだけではないか」と感じる人もいるだろう。

だが、そうではない。星野社長の経営は、どれを取っても「教科書通り」なのである。社員のモチベーションアップやサービス向上策は、すべて経営学の理論に裏打ちされている。星野リゾートの事業展開の背後には常に「教科書」が存在している。

一流の経営学者が緻密な研究によって導き出した理論に基づいて考え抜き、確信を持ってビジネスを実践する。それが星野社長の経営である。

「経営に教科書なんて役立たない」と疑問を持つ人もいるだろう。しかし、星野社長は、「教科書に書かれていることは正しい」と断言する。「教科書通り」でうまくいかないとしたら、それは理解が不十分で、取り組みが徹底されていないからに違いないと指摘する。

星野社長は、経営上の課題に直面すると、その解決に役立つ本を自分で探し、深く読み込み、理論の教えるところを完全に実践する。その姿勢は社員にも伝播している。

では、星野社長は、どんな教科書から学んで、どんな成果を上げてきたのか。そのとき現場はどう動いたのか。本書では、その具体的な事例を取り上げ、教科書を経営に生かすためのポイントを明らかにする。

本書は1冊丸ごと星野リゾートのケーススタディーだが、その内容はさまざまな分野の課題に応用できる。業種や職種、企業規模などを超えて、多くのビジネスリーダーに参考にしていただければ幸いである。

星野リゾートが運営する施設は、北海道のアルファリゾート・トマムから沖縄の統合予約センターまで全国に散らばっている。本書は、そのすべての施設を2年間かけて取材した成果に基づく。日経BP社発行の経営誌「日経トップリーダー」に連載した記事に加筆した。登場する施設名、人物の肩書などは雑誌連載時のままである。

取材に当たって、星野リゾートのみなさまには多大な協力をいただいた。改めて謝意をお伝えしたい。

本書の姉妹編として『星野リゾートの事件簿』（日経BP社）がある。こちらの本では、お客様からのクレームや社員同士の対立など、星野リゾートで実際に起きた「事件」をテーマにしている。事件解決のために星野社長がどう発想し、現場のスタッフがどう動いたかを具体的に記している。ぜひ、本書と併せてお読みいただきたい。

2010年4月

日経トップリーダー副編集長　中沢康彦

ブックデザイン　伊藤　健一
山崎　由梨
森下　千晶
（エステム）
写真　栗原　克己
中西　昭

星野佳路社長が語る

教科書の生かし方

――定石を知り、判断ミスのリスクを最小にする

第I部

Talk about textbook

私は1991年に星野リゾートの社長に就任して以来、経営学の専門家が書いた「教科書」に学び、その通りに経営してきた。社員のモチベーションアップも、サービスの改善も、旅館やホテルのコンセプトメイクも、私が経営者として実践してきたことはすべて教科書で学んだ理論に基づいている。

「教科書の理論なんて机の上でしか通用しない」「本当にビジネスの現場で役に立つのか?」と思う人がいるかもしれない。実際に教科書通りに経営している人は、周りを見渡しても多くはない。

しかし、私はこれまでの経験から「教科書に書かれていることは正しく、実践で使える」と確信している。課題に直面するたびに、私は教科書を探し、読み、解決する方法を考えてきた。それは今も変わらない。星野リゾートの経営は「教科書通り」である。

根拠や基準となる理論があれば、ぶれがなくなる

私が教科書通りの経営を実践しているのは、経営判断を誤るリスクを最小にしたいからである。

ほしの・よしはる
1960年生まれ。慶応義塾大学卒業。米国コーネル大学ホテル経営大学院で経営学修士号を取得。91年、家業である老舗旅館「星野温泉旅館」の4代目社長に就任。日本の観光業が変革期を迎えていることを見通し、施設所有にこだわらない運営特化戦略を進める。95年に社名を星野リゾートに変更。その後、日本各地でホテルや旅館の運営に取り組む。

私が参考にする教科書の多くは、米国のビジネススクールで教える教授陣が書いたものだ。彼らは「ビジネスを科学する」という思想の下、数多くの企業を対象に手間と時間をかけて事例を調査し、そこから〝法則〟を見つけ出し、理論として体系化している。その内容は学問的に証明され、一定条件のもとでの正しさはお墨付きなのだ。

囲碁や将棋の世界に定石があるのと同じように、教科書に書かれている理論は「経営の定石」である。何も知らないで経営するのと、定石を知って経営するのでは、おのずと正しい判断の確率に差が出る。それは会社の長期的な業績に直結するはずだ。

経営判断の根拠や基準となる理論があれば、行動のぶれも少なくなる。自分の下した決断に自信を持てるようになり、社員に対して判断の理由を明快に説明できる。

ところが基準を持たない経営判断では、すぐに良い結果が出ないと、「自分の判断が間違っていたのではないか」と疑心暗鬼になってしまう。もう少し辛抱すべき時でも、何とかして短期的に改善したくなり、それが経営のぶれを生む。

教科書通りに判断したにも関わらず成果が出ない時もある。しかし、それでも最初の一歩としては正しく、そこから戦術を調整すればいい。何の方法論も持たずに飛び出すのに比べて、教科書に従えばはるかにリスクは減らせるのだから、まず教科書通りやってみる。それが大切だと思う。

企業経営は、経営者個人の資質に基づく「アート」の部分と、論理に基づく「サイエンス」の部分がある。私は経営職に就いた当初から、自分にアーティステックな経営判断を行う資質があるとは思っていない。どんな時にも自分の直感を信じることができず、それはあまりにもリスクが大きいと感じてしまう。私は自分の経営手法の中でサイエンスを取り入れる必要性を感じ、教科書を根拠とする経営を始めた。

思い切った経営判断に踏み切れる

教科書にある定石を理解していることのもう1つの利点は、思い切った経営判断に勇気を持って踏み切るきっかけを与えてくれる点だ。現状を打破するには経営判断の方向転換が必要である状況も多々ある。そういう時に理論的な根拠がないと打ち手にリスクを感じてしまい、結果として何も判断せずに現状維持になってしまう。

何も変えられないことが実は最も大きなリスクであることが多い。

教科書から理論を学ぶことによって、状況改善に必要な思い切った経営判断を最低限のリスクで実行することができる。教科書に沿って自社の打ち手を考えることによって、自分にとって納得できる経営判断に達することができる。だから成果が出るまでしつこく努力することができるのだ。

小さな会社ほど「教科書通り」の意味が大きい

経営学の教科書というと、グローバルに事業を展開する大企業のためのものであり、「そんなに難しい本は、自分たちには関係がない」と思う人がいるかもしれない。しかし、それは余りにももったいない。私は、小さな会社の経営にこそ、教科書の理論を生かす意味が大きいと感じている。

星野リゾートは、1904年、軽井沢の温泉旅館から出発した。私が4代目の社長に就任した91年当時は軽井沢だけで事業を営む中小企業だった。その経営改革に取り組んできた私の実感として、2つの点で、教科書が中小企業の経営に役立つと考えている。

1つは、教科書の内容を社内に浸透させやすく、理論に沿った方向転換もしやすい点だ。

中小企業は規模が小さい分、小回りが利く。社長が「この教科書通りにやってみよう」と方針を決めたら、その方向に向かって会社全体を動かすことができる。

もう1つは、経営リスクを減らす意義が大きい点だ。中小企業は大企業に比べて体力が乏しく、経営環境の変化に影響を受けやすい。経営判断にミスがあったとき、大企業ならば組織全体で吸収できるかもしれない。しかし、規模の小さい会社では、経営判断のミスによって経営はたちまち不安定になる。

それだけに中小企業の経営者はリスクに対して常に敏感であるべきだ。教科書を経営に生かし、誤った経営判断をするリスクを減らすことは有益である。

【ステップ1】本を探す

書店に1冊しかないような古典的な本ほど役に立つ

Select

経営に関する本と一口に言っても、その数は膨大であり、教科書として参考にするのにふさわしい本と、そうでない本がある。教科書として役立つかどうかは、規模、業界、そして企業が置かれている環境などによって違う面もある。企業の成長段階によって、今は役立たなくても数年後に生かせる本もある。

だから教科書通りの経営の第一歩は、どの本が経営に役立つかを見極めることだ。自分の目で確かめながら教科書を探すことが大切だ。

私の場合は教科書を見つけるために、書店に足を運ぶことが多い。インターネット経由で注文することもあるが、良い教科書に出合うのはやはり書店だ。手に取ってページをめくることによって初めて分かることや気づくことがあるからだ。「何となく役立ちそうな本を探してみようか」とフラッと行くこともあるが、自社が抱える課題を持って、「解決に役立つ教科書はないか」と探しに行くことのほうが多い。

書店内での歩き方には気を使いたい。平積みになっている本はよく目立つ。「なぜあの商品が売れたのか」といった話題のテーマも取り扱っている。しかし、私の経験では、新しい本はまだ教科書とするには早過ぎることが多い。

むしろ私が注目するのは、書棚に1冊ずつだけ置いてあるような本だ。こうした本は流行の波を乗り越えて、体系化された理論として生き残り、定石として一般的に認知されたことを示している。私はこういう古典的な理論の中にこそ、経営に役立つメッセージがあると実感している。だから棚に差された本をじっくりと見る。

定石となった理論を扱う本は、どこの書店でも普通に扱っていて、誰でも気軽に買うことができるが、誰からも注目されずほこりをかぶっていることが多い。そうした本を経営に生かそうという人は多くはないかもしれない。だが私にとっては、そうした本こそ役に立ってきた。

学問と実践を行き来した研究者の本を探す

本を選ぶときの基準として、私は、著者の研究者としての知名度を重視する。例えば米国の著名な大学教授には、コンサルタントを兼ねて学問と実践の間を行き来し、膨大な調査によって理論を実証している人が多い。私が教科書として注目するのは、こうした研究者が書いている本だ。企業のバックグラウンドを十分調査している本こそが教科書として役に立つ。

ビジネス書の中には、経営者が「自分はこうして成功した」と単に経験を語る本も多くある。しかし、このタイプの本は素晴らしく直感的な経営センスの話であることが多く、それは私にとっては教科書にならない。

教科書になりそうな本を棚から見つけたら、目次に目を通し、1章目の最初の数ページをざっと読んでみる。特に海外の教科書的な本は、最初にエッセンスを記し、そこから内容を詳しく記述する構成になっている。冒頭の数ページを読むことによって、その本が自分の教科書になる可能性があるかどうか判断できる。

書かれている内容が少々難しそうでも、自分の会社が置かれている状況や自分の悩みに対する「フィット感」があれば、教科書として役立つ。「当社の置かれている環境はまさにこの通りだ」と思える本ならば、ピタッとくる。自分にとっての分かりやすさは非常に大切だ。

逆に、数ページ読んでも「ピンとこない」という場合もある。これは「理論が難解すぎて手に負えない」というケースと、「本がテーマとして扱っている課題が自社の課題と合致しない」という2つの理由が考えられる。私の経験から、役に立つ教科書は、「今、自分が直面している課題を扱うシンプルな理論」であることが多い。

【ステップ2】読む

1行ずつ理解し、分からない部分を残さず、何度でも読む

Study

教科書にする本が決まったら、さっそく読み始める。選んだ本を教科書として生かすにはしっかり読み、内容をすべて理解しておく必要がある。1行ずつきちんと理解しながら読み、分からない部分を残さない。

だから私が教科書を読むスピードは速くない。内容を正しく理解するために、同じページを何度も読み返すことは頻繁にある。「分からない点があっても、全体で何となくつじつまが合えばそれでいい」という読み物的な読み方では、教科書の内容を経営に生かすことはできない。

書かれている理論を理解すると同時に、「自社にどのように当てはめればいいのか」「どこを変える必要があるのか」と考えながら読む。自社の具体的な悩みを考えながら読んでいると、頭の中が次第に整理されていき、やがて打つべき対策が見えてくる。

1回読んだら終わり、という読み方ではいけない。この点も読み物とは違う。せっかく

見つけた教科書は、実践するためのマニュアルとして、何度でも読む。分からないことがあったときには、必ず読み返す。

「自分への宿題」を課して持ち歩き熟読する

重要な個所や大切なステップは、すぐに参照できるようにしておく。私は、読んでいて気になることを見つけたら、線を引いたり付せんを張ったりする。気づいたことを直接本に書き込むこともある。思いつく自社の打ち手を思いついた時にそのページに書き込むことも重要だ。ただし読書メモは作らない。メモは本と離れてしまうことが多いからだ。

読書をする時間についても一言触れたい。私は教科書を見つけたら、常に持って歩いて読むことが多い。時には数カ月間どこに行くにも携帯し、読みながらそこにアイデアをどんどん書き込んでいく。そして教科書から離れる時には、本に書かれた自分のアイデアをパソコンのプレゼンテーションソフトで一気に書き込んでいく。

【ステップ３】実践する
理論をつまみ食いしないで、100％教科書通りにやってみる

教科書の内容を理解したら、いよいよその理論を実際の経営に当てはめることになる。このときに大切なのは、100％教科書通りにやってみることだ。教科書に書かれていることをすべて忠実に実行することである。

例えば、ある戦略を実践するには「3つの対策が必要だ」と書かれていたら、1つや2つでなく、3つすべてに徹底的に取り組む。そうすることによって初めて教科書の理論が効果を生む。これまでの経験から私はそう断言できる。

教科書から学んだ人でも、実践の段階になると、理論の中から「導入しやすい部分」「都合のいい部分」だけを使おうとすることが多い。「3つの対策が必要だ」と求められているのに、「1つならできるから、それをやってみよう」と理論をつまみ食いしたり、「当社はこのうちの2つはやっているから大丈夫だ」と理論を言い訳の材料にしたりするケースが目立つ。

Practice

書かれている内容の一部を実行するだけでは教科書の理論を実践していることにはならない。それでは成果がすぐに出なかった時に調整すべき方向が見えてこない。

「教科書通り」なら苦しいときも耐えられる

繰り返しになるが、教科書で学んだことを実践するときに大切なのは、すべてをきちんとやってみることだ。

大変そうに思う人がいるかもしれないが、それは難しいことではない。経営者が覚悟を持って、教科書通りに取り組めばいいだけである。

もちろん社員にも教科書の内容を説明していく。新しい戦略の理論的な背景を伝えることで、仕事の中身ややり方に対する社員の納得感は高まり、改革が進みやすくなる。

教科書通りの戦略を打っても、なかなか成果が出ないこともある。私は何度もそんな経験をしてきたが、苦しいときでも教科書通りだという自信があれば耐えられる。

うまくいかないときには戦略を微調整することを考えるが、その判断は慎重にする必要がある。「効果が出るには時間がまだ不足している」「きちんと教科書通りにしていない」という理由で成果が出ていない場合は、戦略を変える必要はない。そんなときに作戦変更することは深い霧の中に入っていくようなものだ。

微調整する前に、教科書の戦略を1つずつ確認し、なぜ成果が出ないのか、しっかり考える。何度も教科書を読み返して、それをマニュアルとして忠実に実践する。微調整をするのは、すべてを教科書通りにやり切ってからである。

教科書に沿って経営判断した結果、すぐに良い結果が出始めた時もあれば、成果が現れるまで工夫を繰り返し、時間を必要としたケースもあったが、私が過去に選んだすべての教科書は道しるべとして役に立った。

自分の直感力を信じられない時に、教科書は自らの経営判断の根拠となり、自信を持って頑張る勇気を与えてくれるのである。

第Ⅱ部

教科書通りの戦略

――難しそうに見えて、実は効果的である

Strategy of Hoshino Resort

Strategy of Hoshino Resort | #01

どこにでもある旅館を高級旅館として再生

〝その他大勢〟から抜け出す

同業他社と同じ戦略を続けても、混戦から抜け出せない。
自社の強みを確認し、ライバルの動向を見極め、
「勝てる戦略」を立案し、収益力を高める。

個人客に狙いを絞って客室数を半分に

これといった特徴がない企業は、どうやって〝その他大勢〟から抜け出せばいいのか。星野リゾートは旅館の再生を進めるとき、その視点を忘れない。

島根県松江市の玉造温泉にある高級旅館「華仙亭有楽」は、星野リゾートが2007年から運営する。

玉造温泉には約20軒の旅館がある。玉湯川に沿って客室数50～100室の中・大規模な旅館が並ぶ。同じような旅館が多く、宿泊代の値引き競争も起きている。

これに対して、有楽は客室数24室の小さな旅館である。個人客にターゲットを絞った高級路線を徹底し、収益力を高めている。

有楽はかつて玉造温泉のどこにでもある中規模旅館だった。温泉街の他旅館と同じく顧客ターゲットを絞らず、団体客と個人客の両方を受け入れた。そしてライバル旅館との競争から抜け出せないまま厳しい不況に直面し、経営が行き詰まった。

星野リゾートは有楽の再生に着手すると、旅館を現在の姿へと変身させた。新しく打ち出した戦略に従い、客室数を半分に減らして、全客室に露天風呂を備えるなど、高級化戦略を推進した。そのほかにもさまざまな工夫を積み重ね、顧客満足度を高めた。ターゲットを絞ることで、運営は効率化され、コストも下がった。

長野県松本市の浅間温泉にある「貴祥庵」も星野リゾートが再生した。貴祥庵は旧経営陣時代から個人客にターゲットを絞った高級路線を取っていた。しかし、その戦略が不徹底で、経営が行き詰まった。

星野リゾートは従来の戦略を維持しながら、スタッフの意識改革を進めた。その結果、同社が運営する全施設中、顧客満足度、利益率はトップクラスに向上した。

有楽、貴祥庵の再生で、星野社長が参考にしたのが、米国の経営学者、マイケル・E・ポーターの著書『競争の戦略』である。

星野社長が参考にした教科書

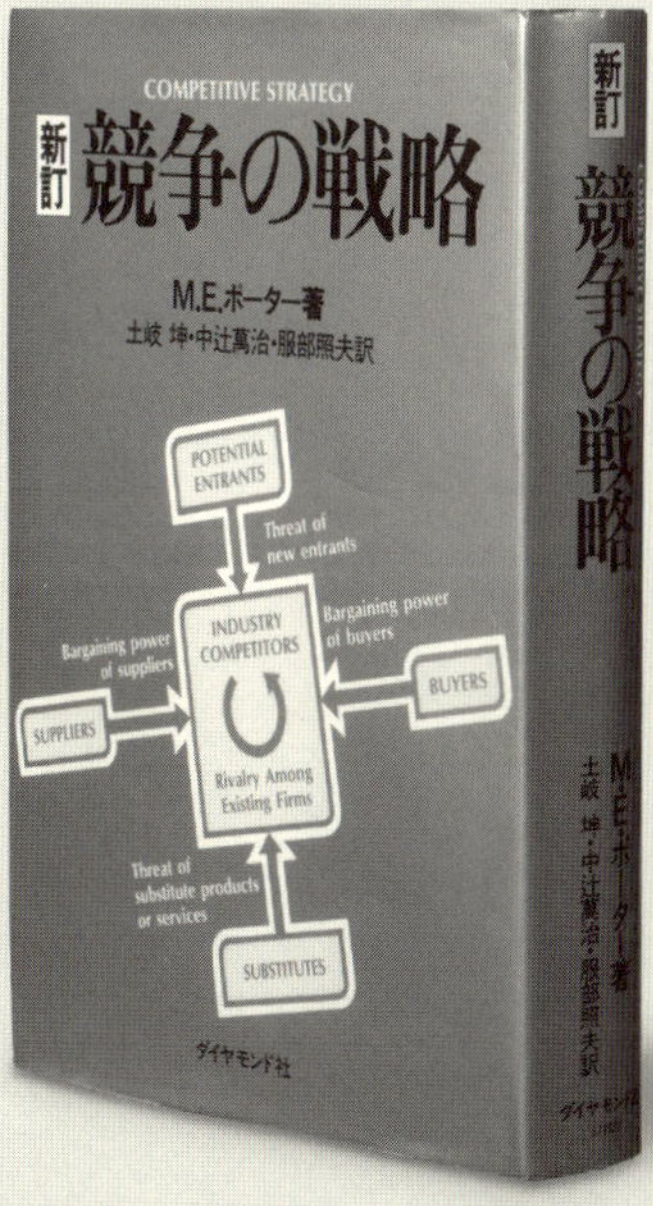

『競争の戦略』

著者：マイケル・E・ポーター
出版社：ダイヤモンド社
価格：5913円（税込み）

企業の競争戦略を業界構造、ライバルの動向など幅広い視点から分析する。競争戦略の基本書として定評がある

【抱えていた課題】

二兎を追い収益悪化

Problem

星野社長が星野リゾートのトップに就任した1990年代初め、旅館・ホテルを取り巻く経営環境は大きく変化しつつあった。

旅館に宿泊するお客様は、80年代中盤まで、旅行代理店が設定した旅行プランに乗った団体客が多かった。貸し切りバスで観光地を周遊しながら、名物料理を食べて、旅館に宿泊する。そんなプランが人気を集めた。

ところが80年代後半から90年代に入ると、日本人の旅行スタイルは変化し、自分で旅行プランを考えて、宿泊先を選ぶお客様が増えた。その分、団体客は減った。同じ時期に円高が進んだこともあり、海外旅行も特別なことではなくなった。日本人の旅行スタイルはどんどん多様化し、従来のような団体客は減り続けた。

旅館の多くは団体客の減少を個人客でカバーしようとした。個人客を増やしてお客様の数を維持できれば、収益に対する影響はないように見える。だが、二兎を追うそのやり方には、大きな落とし穴があった。

旅館にとって、団体客向けサービスと個人客向けのサービスは違いがある。

例えば、団体客の食事は広い宴会場で、決まった時間内に同じサービスを提供することが重要である。ところが個人客の場合、スタッフはお客様1人ひとりの好みや要求に応じて、きめ細かい対応をすることがポイントになる。

団体客と個人客の両方に対応することになった旅館は、2種類のサービス体系を準備しなければならなくなった。

旅館の経営者はスタッフの確保やさまざまなコストアップに頭を悩ませた。やがて不況が続く中で、宿泊代の値引き競争が起き、収益を悪化させる旅館が増えた。

星野社長は強い危機感を持った。お客様の旅行スタイルの変化に対応するためには、競合する旅館の動向を見極め、競争から抜け出す戦略を取る必要がある――。業績改善のために戦い方を変えようと発想した。

【解決への取り組み】

高級化を進めてコストも下げる

星野社長が競争を優位に進めるために参考にしたのがポーターの理論である。80年代の米国留学中、その理論に出合った。

「それまでの経営書はお客様視点に立ったマーケティングを強調するものが多かった。そんな中で、ライバルの動向こそが重要というポーターの理論は目からうろこで、強く印象に残った」

ポーターは、ライバルとの競争環境を踏まえながら戦略を組み立て、徹底する意義を強調する。そして、企業がライバルとの競争で取るべき戦略を3つに分けて論じている。コスト競争力で優位に立つ「コストリーダーシップ」、競争相手との違いを前面に出す「差別化」、特定の領域に自社の経営資源を集めてライバルに勝つ「集中」、の3つである。ポーターはこの中から戦略を選んで、徹底するべきだと主張する。

星野社長はこの理論を参考にして、旅館を再生する戦略の取り方を次のように考えた。

「どんなターゲットに向かって『集中』していくのかをまず明確に決める。そのうえで、『コスト』で優位に立つのか、ライバルとの『差別化』を徹底するのかを二者択一で選び、徹底していく」

有楽の再生に当たっては、市場調査のデータを分析しながら、競合から抜け出す戦略を立てた。選択したのは「集中」と「コストリーダーシップ」だった。ターゲットを個人客に集中し、効率を高めてコストを下げ、上質なサービスの高級旅館として再生する。

その戦略を打ち出したのは、2つの理由からだ。1つは、玉造温泉に個人客向けの高級旅館がなかったことである。同じ方向を目指

玉造温泉の有楽は高級感のある建物ときめ細かいサービスで人気が高い

すライバルがいないので、有楽は自社のペースで新しい市場に切り込める。

もう1つの理由は、有楽の運営にムダが多かったことだ。玉造温泉のほかの旅館と同じように団体客と個人客の両方を受け入れていたため、2種類のサービスを用意しなければならず、スタッフの配置や施設の準備に大きなムダが生じていた。個人客に狙いを絞ることでサービスを一本化すれば、効率はアップして、コストリーダーシップを高めることができる。

高級化を進めてサービスを向上させるとコストが重くなるようにも思えるが、「サービスを2種類用意するロスのほうがはるかに大きい。仕事を兼務するなどの工夫によ

*fig.*01 ●「集中」によって他社と差別化

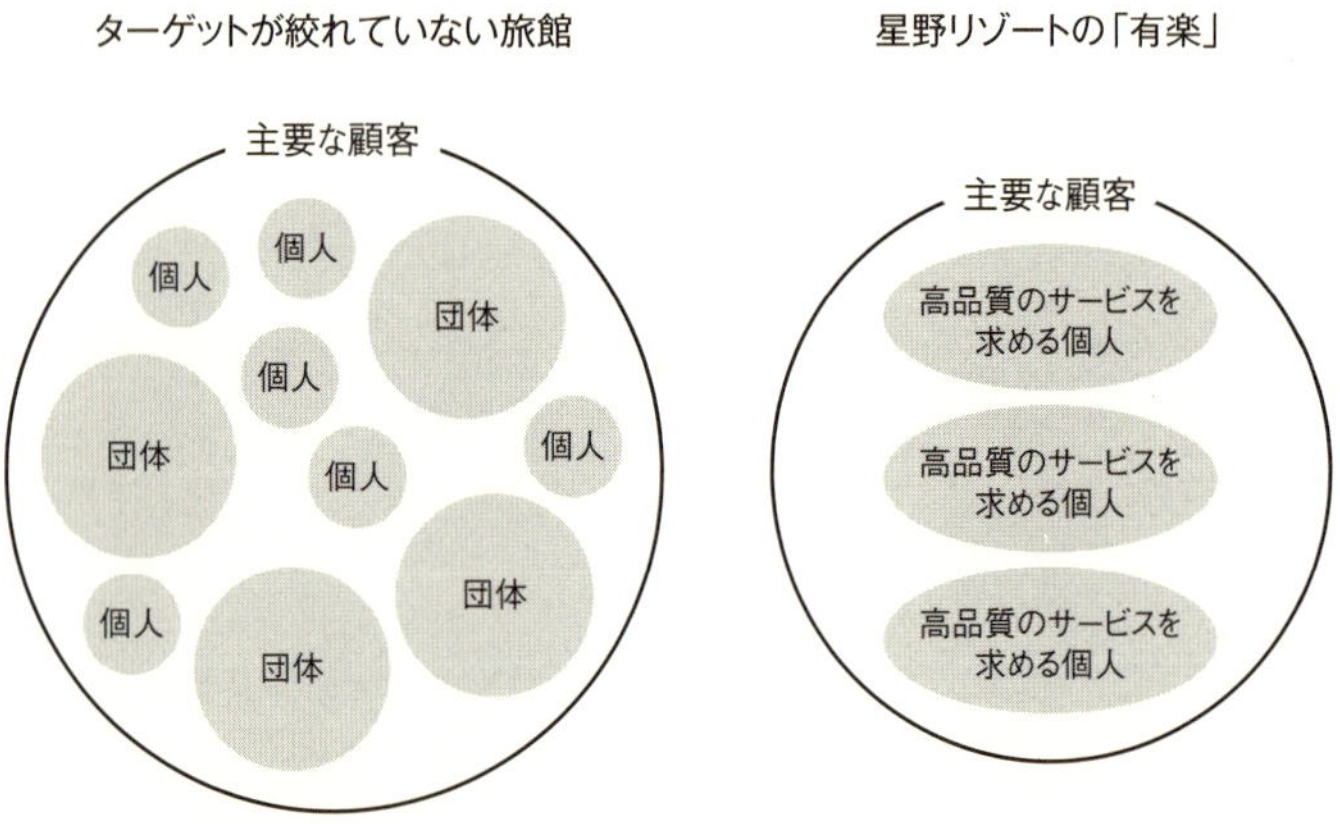

って、質の高いサービスを効率的に提供することはできる」（星野社長）。

有楽にはかつて団体客向けの建物と個人客向けの建物があったが、新しい競争戦略に合わせ、団体向けの建物は解体し、個人のお客様が楽しむ茶室を作った。残した全客室には露天風呂を作った。客室数は半分になったが、収益性の高い高級旅館に生まれ変わった。酒井聖総支配人は「お客様の満足度を高める工夫をさらに積み重ねていく」と語る。

長野県の浅間温泉にある貴祥庵の場合、旧経営陣は、個人客と団体客の両方を狙う方法に限界を感じ、個人のお客様向けの高級旅館を目指した。建築雑誌に紹介されるほど高級感のある建物を作った。そこまでの戦略は合理的だった。

だがスタッフの働き方にムダが多かったため、貴祥庵は高級化戦略を効率よく実現できなかった。サービスの質と業務の効率化が追いつかずに、経営が悪化した。

星野リゾートは貴祥庵の運営を引き受けると、効率を高めながら戦略の徹底を図った。再生を指揮する植田耕司総支配人はスタッフの仕事の兼務を進めた。同時に、スタッフの意識改革を進め、「自分で考えて動く」ことを伝え続けた。貴祥庵は星野リゾートが運営するすべての旅館・ホテルの中で、顧客満足度、利益率がトップクラスになった。

浅間温泉の貴祥庵は星野リゾートの全施設中、顧客満足度、利益率がトップクラスになった

【他分野への応用】

ユニクロの独自の競争戦略

Example

ライバル企業との競争戦略について、星野社長が高く評価しているのが、「ユニクロ」のファーストリテイリングである。

同社は不況の中で大ヒット商品を次々に生み出し、小売り・アパレルの業界で1人勝ちを続けている。国内で販売を伸ばすだけでなく、海外進出にも積極的である。

「ユニクロは衣料品市場の中でコスト面のリーダーシップを取っている。だが、お客様に対して、『安さ』だけを訴えているわけではない。そこに大きな特徴があると思う」

ユニクロは広告などを通じて製品の機能やデザインなどの新しい魅力をアピールしている。「そのうえで、『これだけ魅力のある製品がこれほど安い』と伝える。そこにライバルに勝つ強さがある」（星野社長）。

ポーターの理論は、「競争を避ける環境」についても述べている。競争相手がいない市場を選べば、価格面での自由度が高くなるため、収益性を高めることができるという。競争を避けることも重要な競争戦略の1つである。

外資系ホテルは旅館経営に参入しない

星野社長は旅館業にその可能性を見いだしている。日本ではこの10年ほどの間に、外資系ホテルが次々と進出してきた。しかし、旅館の運営を本格的に手がけている外資系ホテルはない。その理由を星野社長は次のように説明する。

「サービス提供の作業を分業化し、世界中で共通化するのが外資系ホテルのやり方。だが、日本の旅館は部屋数が少ないため、外資流のサービス分業を導入しても、採算を取るのが難しい。このため、外資系ホテルは旅館に参入しない」

ポーターの理論を踏まえ、星野社長は旅館運営事業に自信を持っている。2009年12月、星野リゾートは京都市に高級旅館「星のや京都」を開業した。「星のや」ブランドを冠した旅館は軽井沢に続く2カ所目である。今後、沖縄の竹富島、富士山周辺にも展開する。

教科書のエッセンス

『競争の戦略』

- 企業が競争力を高めるためには、
競合するライバルの動向に気を配る必要がある。
- 企業の基本的な競争戦略には
「コストリーダシップ」「差別化」「集中」の3つがある。
- 業界構造の成熟度に応じて
競争戦略を考えることで、ライバルに勝つ。
- ライバルの動向を見極めることで、
競争を避ける戦略を取ることもできる。
- 新規参入の際には、
先行するライバルの戦略を見極める。

Strategy of Hoshino Resort | #02

市場で埋没したリゾートを独自戦略で立て直す

他社の追随をやめ、ニッチ市場を開拓

周囲のライバルに押され、低迷していたリゾート。
その立て直しのためにターゲットを絞り込んだ戦略へと転換。
こだわりのサービスを積み重ね、不況下でもお客様を増やす。

子供連れファミリー客の満足度を高める

「アルファリゾート・トマム」は、北海道のほぼ真ん中にある大規模な総合リゾート施設である。広大な敷地内には4棟のタワーホテル、スキー場、ゴルフ場、レストランなどを備える。

スキーシーズンの客室稼働率は高く、最近は初夏から秋までの「雲海テラス」が新しい北海道の風景として人気を集めている。

トマムのメーンターゲットは、子供連れのファミリー客である。その満足度を高めるために、きめ細かいサービスを展開している。

例えばスキーシーズンにゲレンデの一画に開設する「アドベンチャーマウンテン」は、小さなジャンプ台や迷路など、子供がスキーで遊ぶアトラクションを集めたゾーンだ。親子で楽しみながら滑り、スキーが上達するという仕掛けだ。

ファミリー客の重視は冬だけではない。敷地内のゴルフ場は子供のプレー代金が無料である。ゴルフ歴のある親が同行すれば、全くゴルフをしたことがない子供もいきなりコースを回ることができる。

全室スイートの「ガレリア・タワースイートホテル」には、乳幼児連れのファミリーを対象にした「赤ちゃんスイート」がある。スイートルーム内にベビーベッドがあり、絵本やおもちゃを多数置き、小さな子供を飽きさせない。

独自の家族向けサービスを積み重ねた結果、ファミリー層の顧客満足度は上昇し、集客力の向上につながっている。リーマンショックをきっかけとして「100年に1度」と言われる不況が襲った直後、2008年末から09年初めの時期も、トマムの宿泊客数は前年に比べて10％も伸びた。

トマムがファミリー重視を打ち出した背景には、米国の経営学者、フィリップ・コトラーの「競争地位別戦略」という理論がある。

星野社長が参考にした教科書

『コトラーのマーケティング・マネジメント 基本編』

著者：フィリップ・コトラー
出版社：ピアソン・エデュケーション
価格：3885円（税込み）

競争地位別戦略などマーケティングについての基本的な理論を体系的に解説している

【抱えていた課題】

北海道の5大リゾートの中で埋没していた

Problem

トマムはバブル前夜の1983年に会員制リゾートとしてオープンした。会員権の販売を軸に施設の運営・整備を進めるビジネスモデルだった。

だが、90年代に入ってバブル経済が崩壊すると、そのビジネスは破綻した。そして04年、星野リゾートがトマムの運営を引き継いだ。

北海道には、いずれも名前がカタカナ3文字の大規模リゾートが5つある。トマムのほか、ニセコ、サホロ、キロロ、ルスツである。北海道のリゾートでくつろぎたいと考える人は、これらのリゾートを比較して滞在先を選ぶ。

だからこそトマムを立て直すには、ライバルであるリゾートの動向や特徴をしっかり把握する必要がある。そう考えた星野社長は調査会社を使い、トマムが北海道のリゾートの中でどんな地位にあるかを調査した。

その結果、浮かび上がったのは、「売上高、集客数などで、トマムはトップでも2番手でもない」という姿だった。トマムは北海道のリゾートの中で埋没していた。

トマムが埋没してしまった理由はいろいろと考えられる。

例えば、トマムのスキー場は本州の多くのスキー場と比べた場合、規模が大きい。しかし、北海道内には、トマムよりもさらに大きなスキー場を持つリゾートがある。

交通アクセスでも、トマムは有利と言えなかった。北海道の空の玄関口である新千歳空港からのアクセスがトマムよりも便利なリゾートがあるし、ついでに観光することが多い札幌に行くうえでも、トマムよりもアクセスしやすいリゾートがある。

こうした条件を克服し、トマムを再生するために有効な戦略は何か。それを考えるうえで星野社長が参考にしたのが、コトラーの競争地位別戦略である。市場でのシェアに基づいて企業活動の方向を決め、収益を高めるという戦略である。

80年代にコトラーが提唱し、マーケティングの世界では幅広く知られている。星野社長は80年代に米国に留学しているとき、この理論に出合った。

【解決への取り組み】

フォロワー戦略を捨てニッチャー戦略へ

コトラーの競争地位別戦略論では、市場での企業の地位は4つに分かれる。リーダー、チャレンジャー、フォロワー、ニッチャーである。そして、それぞれの地位に応じて打つべき戦略の定石があるというのだ。

リーダーとは市場でトップシェアを持つ会社である。チャレンジャーは市場シェア2番手の会社で、シェアを拡大するためにリーダーを攻撃する。フォロワーも市場シェア2番手だが、市場に波風を立てずにリーダーを追走する。ニッチャーは大きな市場でフォロワーになるのでなく、小さな市場でトップに立つことを目指す。

星野リゾートが実施した調査データは、北海道のリゾート市場でトマムがフォロワーとなっていることを示していた。

フォロワーの戦略は「リーダーをどのように追走するか」がテーマである。ただし、市場で得られる利益は限られている。このため「フォロワーの戦略は報われない場合も少なくない」とコトラーは指摘する。

かつて米ゼネラル・エレクトリック（GE）を世界最強と言われる企業に育てたジャック・ウェルチが、「自社の事業が当該市場で1位か2位にならなければ撤退させる」と言ったのも、このためである。

フォロワーのトマムは上位のリゾートに利益を奪われ、どんなに頑張っても今のままでは儲からない状態に陥っていた。

星野社長は「これ以上フォロワー戦略を続けるのは無理だ」と判断した。だからといって、破綻したトマムが突然、リーダーやチャレンジャーになることはできない。そこで小規模

fig.02 ● **他社を追いかけるのではなく他社と違う戦い方を選ぶ**

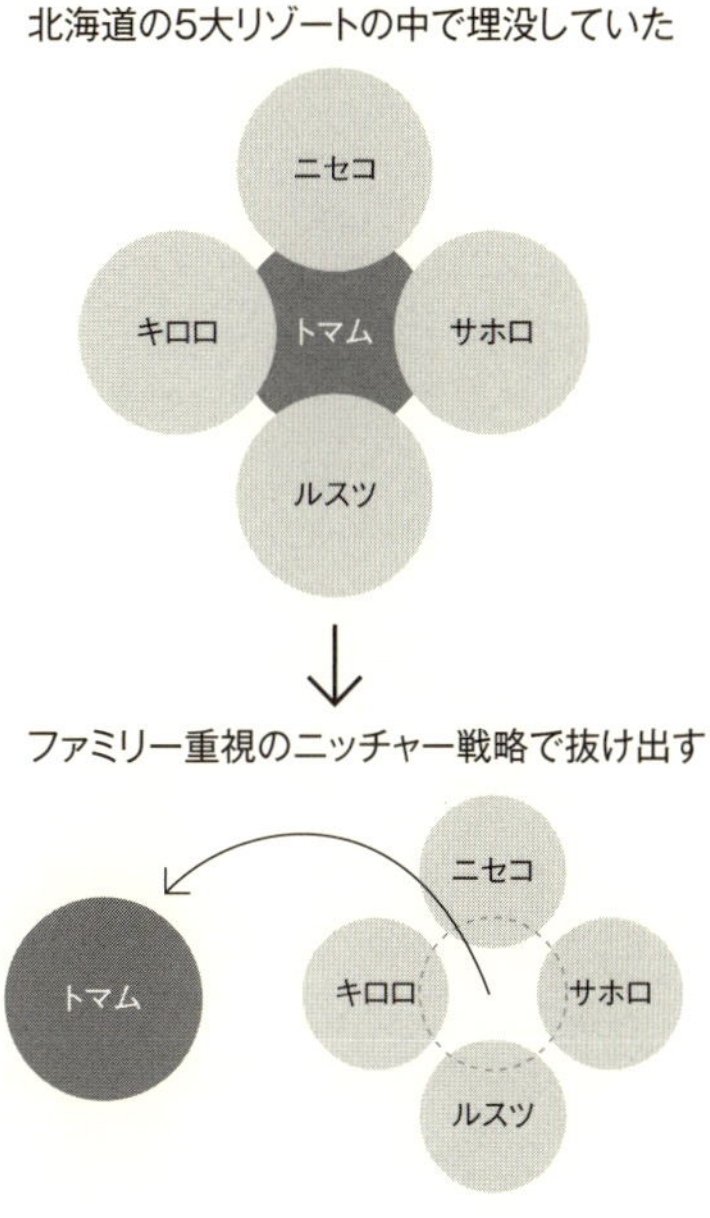

な市場でトップに立つニッチャーとして、トマムの戦略を練り直すことを決めた。

ターゲットとなるお客様を絞り込み、そのニーズに合ったサービスを充実させることで顧客満足度を上げる。リピーターを増やしながら売上高を伸ばし、利益率を高める。それがトマムの新たな戦略だった。

かつてスキーを楽しんだ人を狙う

ニッチ市場のターゲットとして注目したのがファミリーである。

星野リゾートの独自調査によると、日本ではスキー経験者が85％に達している。スキーを楽しんだことのある人の比率は欧米と比べて非常に高い。

スキー経験者85％の内訳は、「現在スキーを楽しんでいる人」が25％で、若者が中心である。北海道をはじめ、ほとんどのスキーリゾートは「現在スキーを楽しんでいる人」の取り込みに力を入れていた。

残りの60％は「かつてスキーを楽しんだが今はスキーをしない人」である。この層の中心は87年の映画『私をスキーに連れてって』が巻き起こしたスキーブームの真っただ中に学生時代を過ごした人である。多くの人が結婚し、子供が産まれ、仕事が忙しくなり、スキー場に足を運ばなくなっていた。

星野社長は、かつてスキーを楽しんだ親を持つファミリーにスキー場に来てもらおうと考えた。ほかのスキーリゾートは積極的にアプローチしていない市場である。そこに狙いを定めて、家族向けのサービスを充実させる。星野社長はそう発想した。

スタッフはすぐに動き始めた。綿密な調査データと明快な理論に沿って、スタッフはニッチャー戦略の実行に動き出した。ファミリー客の満足度を高めるという戦略に合致したサービスを積み重ね、競合するリゾートとの差別化を図った。近藤真弘総支配人は、「少しずつだが、ファミリーに対する取り組みが形になってきた」と語る。

ニッチ戦略にはスピード感が大事

そこにはスタッフのアイデアが生かされている。

例えば、「アドベンチャーマウンテン」は、スキー場の大宮啓伸パトロール隊長を中心に、敷地内の地形を隅々まで知るスタッフの知識を動員して完成させた。

企画・広報を担当する山岸奈津子ユニットディレクターは、旅先でもストレスの多い母親がくつろげるように「ままらくだ委員会」を立ち上げた。「赤ちゃんスイート」のサービスを練り上げたほか、15分単位で利用できる託児コーナーなど、新しい挑戦を続ける。アクティビティユニットの星宏聡氏は親子で楽しめるイベント作りに知恵を絞る。

ターゲットを明確にしたサービスの充実で、トマムの集客力は向上した。しかし、北海道の他のリゾートも最近、ファミリー向けサービスの充実を図っている。星野社長は「ニッチ戦略を進めるにはスピード感が大事。これまでにないファミリー向けサービスを投入し、ニッチ市場を早く押さえる」と語る。

ファミリー客にターゲットを絞り、小さな子供向けの食事メニューも充実させた

【他分野への応用】

同じスキーリゾートでも福島県では別の戦略

Example

星野リゾートは、市場での競争地位に基づいて、運営施設ごとに戦略を組み立てている。福島県の「アルツ磐梯」はトマムと同じスキーリゾートだが、集客数では地域トップである。このため採用すべき戦略はトマムと異なり、リーダー戦略である。すなわち「需要の拡大」のほか、「価格競争に陥らないこと」「同質化(ニッチャーの打ち出してくる独自のサービスをすぐに取り入れる)」に取り組むことが大切になる。

この戦略に基づいて、アルツ磐梯は割引券の乱発による価格競争をやめた。同時に、周囲のニッチャーのスキー場がそれぞれ打ち出していたサービスをすべて取り入れて、同質化対応をした。この戦略で、旧経営陣の下で赤字が続いていたアルツ磐梯は黒字化した。

競争地位別戦略は幅広い分野で利用されている。コトラーは著書の中でさまざまな事例を紹介している。

例えば、米国のテクノル・メディカル・プロダクツはトマムと同じニッチャーの戦略で成功している。

同社は病院用のフェースマスクを専門的に扱うメーカーである。同社のマスクは医療関係者を感染から守る特殊な仕様のため、製造に手間がかかるが、利幅が厚い。同社はこのニッチ分野にターゲットを絞った結果、マスク市場全体で大きなシェアを持つ2つの会社を抑え、米国の病院に最も多くのマスクを供給する会社になった。

この戦略を実現するため、同社は従来の一般用マスクの製造ラインを、病院用のマスクに切り替えた。ニッチャー戦略がヒットし、ほとんど無名だった同社は、この分野でトップに立つ。

ニッチャー戦略で成功するためのカギを握るのは、市場と戦略の選び方である。コトラーが挙げている例としては、製品を顧客ごとにカスタマイズする「注文製品専門化」、最高品質にこだわる「品質・価格専門化」、1つの流通チャネルのみに集中する「チャネル専門化」などがある。

教科書のエッセンス

『コトラーのマーケティング・マネジメント 基本編』

- 自社の戦略を立てるには、
競合する他社との関係を知ることが重要である。
- 企業は市場での地位に基づいて、「リーダー」
「チャレンジャー」「フォロワー」「ニッチャー」

に分けられる。
- 市場での地位によって、企業の戦略は異なる。
- リーダーは、トップシェア企業として、
「市場規模の拡大」「市場シェアの保持・拡大」

などが重要な戦略となる。
- チャレンジャーは市場シェア2番手の企業として、
シェアを拡大するためにリーダーや同規模の
会社を攻撃する。
- フォロワーも市場シェア2番手だが、波風を立てずに
「リーダーをどのように追走するか」がポイントになる。
- フォロワーの戦略は報われない場合も少なくない。
- ニッチャーは大きな市場でフォロワーになる
のではなく、顧客、品質、価格、サービスを絞り込んだ
小さな市場でトップに立つ戦略を立てる。

Strategy of Hoshino Resort | #03

「予約しやすさ」で他社と差別化する

コモディティ化した市場で勝つ

製品やサービスの品質による差別化が難しいとき、
値下げではなく、「アクセスしやすさ」を向上させる——。
電話とネットの予約体制を見直すことで、宿泊客を増やした。

電話対応とウェブサイトを改善

旅館やホテルの宿泊予約を取ることは、多くの旅行者にとって手間のかかる作業だ。宿泊日や人数のほか、部屋のタイプ、食事の有無などさまざまな情報を伝える必要があるからだ。伝える内容は思いのほか多く、予約を終えるまでにそれなりの時間がかかるケースが少なくない。

星野リゾートは宿泊予約時のお客様の負担を減らすため、電話とインターネットの両面から予約プロセスの改善に取り組んでいる。

電話による予約については、専用のコールセンター「統合予約センター」を那覇市に持っている。この統合予約センターは「星のや軽井沢」(長野県)、「リゾナーレ」(山梨県)、「アルツ磐梯」(福島県)など、星野リゾートが運営する旅館・ホテルの電話予約を一括して受け付けている。

統合予約センターでは約20人のスタッフが働く。予約を希望するお客様の電話を受け、専用システムを使ってスピーディーに対応をする。会話などの

トレーニングを積んだプロがそろっている

このシステムでは、旅館やホテルごとの予約状況が詳細に画面表示される。各施設の最新のサービス内容などが分かるシステムも用意されている。スタッフはお客様の要望を聞きながら、最新状況を確認して、予約内容を入力していく。

インターネットからの予約に関しては、サイトの使いやすさの向上に力を入れている。約100項目のチェックポイントを設定し、サイト作りに生かしている。

例えば、旅館やホテルの写真をサイトに掲載するときには、「イメージカット」でなく、実際の施設の内容をできるだけ具体的に伝える写真を選ぶなど、細かな点にもルールを決めている。

星野リゾートがお客様のアクセス改善に力を注ぐ背景には、米国の経営コンサルタントであるフレッド・クロフォードとライアン・マシューズが著した『The Myth of Excellence』がある。

星野社長が参考にした教科書

『The Myth of Excellence』

著者：Fred Crawford, Ryan Mathews
出版社：CROWN BUSINESS

コモディティ化から抜け出す戦略を解説。写真はハードカバーだが、ペーパーバックもあり比較的簡単に入手できる

【抱えていた課題】

サービスだけでは差別化が難しい時代に

Problem

星野リゾートは1990年代から経営改革を進め、社員の自主性を重視することでモチベーションを高め、サービスの質を向上させた。ハードの整備も着実に進んでいた。

その過程で星野社長が気づいた大きな経営課題があった。それは「コモディティ化」だ。サービスや製品の品質による差別化が難しくなることである。業種を問わず、成熟した市場では避けられない現象だ。

「一昔前なら、一流ホテルはロビーに入った瞬間から素晴らしい雰囲気で、サービスの良さも際立っていた。しかし多くのホテルがサービス水準を引き上げたため、どのホテルも大きな違いがなくなってきた。その中で、お客様に星野リゾートの施設を選んでもらうためにはどうすればいいのか」

こう悩み始めた星野社長は、ある日、経営学者フィリップ・コトラーの講演会を聴き、コモディティ化を抜け出すヒントを得た。コトラーはこの講演で、高い評価を得てきた自著

『マーケティング・マネジメント』について、「長く通用してきたが、大きな環境変化が起きた。もう通用しない。変化に合った新しい理論が必要だ」と語った。そして「今後のヒントになる本」として数冊の書名を挙げた。

悩んでいた星野社長はコトラーが紹介した本をすべて読んだ。その中にあったのが、『The Myth of Excellence』である。

お客様は手間をかけずに手に入る製品を選ぶ

そこにはコモディティ化を乗り越える戦略が具体的に書かれていた。星野社長は「これこそ探し求めていた教科書だ」と飛びついた。特に感銘を受けたのは、製品・サービスへのアクセスについての記述である。

製品やサービスの質に差がなくなったとき、お客様は買いやすい会社、手間をかけずに安全に早く欲しいものが手に入る会社を選ぶ――。星野社長は同書のこんな指摘に衝撃を受けた。「コモディティ化が進んでも、アクセスを高めることで他社に差をつけて勝つ。そんなビジネスモデルがあることを知った」。

【解決への取り組み】

「片手間」でなくプロの手で抜本的改革

旅館・ホテルを経営する会社では、施設ごとに専門の電話予約受付スタッフを置くケースが多い。しかし、このやり方は予約スタッフの待ち時間が長く、非効率である。星野リゾートは、各施設ごとにフロントや客室清掃など複数の仕事を兼務することによって業務効率を上げてきた。

しかしアクセスの重要性を知った星野社長は、予約受付業務を施設別に行うのではなく、統合する形で抜本改革する必要を感じ、手を打った。

まずは電話で宿泊予約するお客様のアクセスを改善するために、統合予約センターを新設し、日本各地に持つ旅館・ホテルの電話予約を一括して受ける形に変えた。そこで働くスタッフは会話のトレーニングなどを積んだ電話対応のプロである。

統合予約センターは1カ月に約1万件の宿泊予約を扱う。情報システムの整備やマニュアル作りを一歩ずつ進めた結果、お客様が宿泊予約までに必要な電話の時間は短くなった。例えばリゾナーレの場合、ホテルで電話を受けていたときに約3分30秒かかっていたのが、センターへの移行後は約2分30秒へと短縮された。

野口伸治センター長は「宿泊を希望するお客様の質問にすぐに答えられるように、常に最新情報が分かる仕組みをつくっている」と語る。

サイト画面の改良へ「視線の動き」を測定

インターネットの宿泊予約ページの見直しも進めた。

fig.03 ● **アクセスの改善によって「どんぐりの背比べ」から抜け出す**

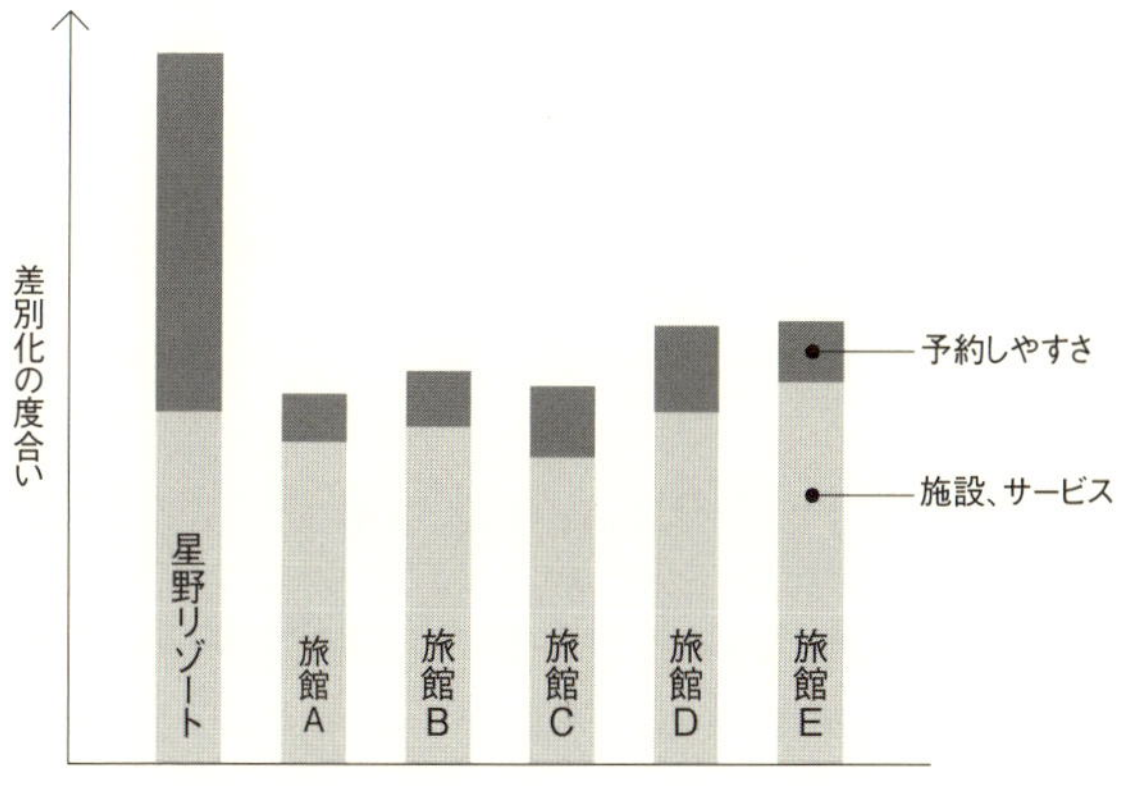

予約ページの使いやすさをチェックするために、外部の専門会社を使い調査を実施する。調査では、お客様が予約ページを見るとき、「画面のどこを見るか」をアイトラッキング（視線追跡）という手法で測定する。

使いやすさだけでなく、サイトを訪れた人が実際に予約してくれる確率を高める改善も実施する。「画面のどんな点に注目したのか」「注目した点が予約につながったのか」「予約してもらえなかった場合、その理由はなぜか」を分析し、改善につなげる。

「ホームページ内での予約ボタンの置き方や写真の使い方を変えるだけで、宿泊予約の件数は大きく変わる」。旅館運営事業を担当する黄日錫WEBディレクターは、こう説明する。

「業界の常識」を捨てる

アクセスを改善するために、「業界の常識」からも抜け出した。

旅館・ホテルは「自社の電話予約」「自社のホームページ」「インターネットの旅行サイト」「旅行代理店」など、さまざまな販売ルートを持ち、それぞれバラバラに売るケースがほとんどである。この場合、お客様は空室を持つ販売先にたどり着くまで、何カ所もアプローチしなければならないことがあり、不便である。

星野リゾートは販売ルート別の宿泊予約を一括管理するシステムを導入した。「自社の電話予約」「自社のホームページ」「インターネットの旅行サイト」などの予約管理を一体化し、それらの分については「どの日が空いているか」がすぐに分かる。「星のや軽井沢」の場合、宿泊予約件数のうち8割は新しいシステムを経由している。

グループ情報システムを担当する久本英司ユニットディレクターは「お客様にとって便利な仕組みをつくるために、ITをフル活用している」と語る。

星野社長は「お客様にとっての理想は、泊まりたい施設の希望する部屋を瞬時に予約できること。その実現に向けてアクセスを良くすることが競争力になると確信している」と語る。

新しく運営を開始した施設の顧客満足度向上に直結

統合予約センターは、星野リゾートが新しく運営を委託された施設のサービス向上でも大きな役割を果たしている。

ウトコディープシーテラピーセンター&ホテル（高知県室戸市）はフランスの海洋療法「タラソテラピー」と17室のホテルの複合施設である。タラソテラピーに室戸沖の海洋深層水を使い、女性のお客様の人気が高い。星野リゾートは施設の所有会社から委託され、2009年から運営している。

客室数が多くないため、それまではスタッフが予約業務を他の仕事と兼務していた。だが、どうしても片手間になりがちで、ときにはお客様からの問い合わせに対して、スタッフが迅速な対応ができないこともあった。

星野社長はこの問題点を見抜き、ウトコの運営を開始すると間もなく、予約業務を統合予約センターに移した。その結果、お客様の利便性が高まり、予約件数が増加しているだけでなく、顧客満足度の向上に結びついている。

スタッフは予約の仕事がなくなったことで、別の業務に注力できるようになった。日生下和夫総支配人は「星野リゾートの持つさまざまな仕組みを生かすことによって、施設の魅力をさらに高めていく」と語る。

【他分野への応用】

マクドナルドはアクセスで他社を圧倒

Example

コモディティ化はホテル・旅館業界だけでなく、市場が成熟したさまざまな分野に共通する大きな課題である。

アクセスを強化することによって大きな成果を上げた事例として、『The Myth of Excellence』が挙げているのが、ハンバーガーチェーンのマクドナルドである。マクドナルドの店舗は世界中を網羅するかのような勢いで増えてきた。「マクドナルドは、どんなところにある店舗であっても、全く同じように、すぐに、手軽にハンバーガーを買うことができる。アクセスという面では、マクドナルドは他のハンバーガーチェーンを圧倒している」(星野社長)

同書はアクセスを強みにする製造業の事例として、パソコンメーカーの米デルの事例も紹介している。デルはインターネットを経由した販売手法を磨くことによって、競争力を高めた。

同書はほかにも多数の企業の事例を紹介している。しかし、日本であまりなじみのない米国企業のケースが少なくない。このため、星野社長は社内の研修でこの本の理論を紹介するとき、独自に日本企業の事例を当てはめた資料を作り、社員に説明している。

「内容を理解したうえで、どんな企業がその理論に当てはまるのかを自分なりに考えると、さらに理解が深まる」

同書のユニークな点は「アクセスの重要性」を指摘したことだけではない。他社との競争戦略について、オリジナルな視点に基づいた実践的なアドバイスが目立つ。

星野社長は「論理が非常に明快であり、経営の参考になる点が少なくないと思う。あまり知られていない本で、日本語訳はない。しかし、英語でも読んでみる価値は非常に大きいと思う。それほど面白い本だ」と強調する。

教科書のエッセンス

『The Myth of Excellence』

- サービスや製品の品質で差別化ができないとき、「アクセス」を高めることによって、他社と差別化ができる。
- アクセスを高めるためには、お客様との関係を3段階に分けて考える。
- 第1段階では、お客様が急いでいるときに、スピーディーに買うことのできるサービスと情報を提供する。
- 第2段階では、「ボタン1つで買える」など、お客様が使い勝手よくアクセスができるようにする。
- 第3段階では、お客様に対して「今こういうものを買ってはいかがですか」などの提案をする。

「変えない」でお客様の心をつかむ

長期的な視点で売上高を伸ばす

ブームが去って売上高が落ち込んだ商品にどうテコ入れすべきか——。
商品のラインアップを広げず、じっくり業績を伸ばす戦略を守った。
味をしっかり覚えてもらうことで、リピーターを増やしている。

「1つだけの味」にこだわる

長野県軽井沢町の地ビールメーカー、ヤッホー・ブルーイングが好業績を続けている。ビール消費量の長期的な低迷、「100年に1度」と言われる不況という悪条件にもかかわらず、ヤッホーは業績を伸ばしているのだ。

同社の2009年11月期の売上高は8億円に達した。営業利益は4期連続で伸びている。

ヤッホーは星野リゾートの子会社である。ビールの製造から販売までを一貫して行う。ホテル・旅館運営を手がける星野リゾートのグループ内では異色の存在である。1996年に設立され、2008年まで星野社長がヤッホー社長を兼務していた。

地ビールメーカーは国内に約240社あると言われる。その中でヤッホーは売上高がトップクラスで、営業利益は群を抜いて高い。

ヤッホーのビールはすべて「エールビール」である。大手メーカーのラガービールとは発酵方法が違う。エールビールは香りとコクの深さが魅力である。売上高の5割を占める大黒柱「よなよなエール」は350ミリリットル缶入りで1本260円（税込み）。花札など日本的なモチーフを使った缶のデザインが印象的だ。主な購買者は40代のビール好きの男性であり、リピーターが多い。

現在は業績好調なヤッホーだが、製品の個性が市場に受け入れられるまでには時間がかかった。長らく販売が低迷し、赤字が続いた。

同社がピンチを乗り越えて成長軌道に乗った背景には、マーケティングの専門家として知られるアル・ライズらによる『マーケティング22の法則』という教科書がある。

星野社長が参考にした教科書

**『売れるもマーケ 当たるもマーケ
マーケティング22の法則』**

著者：アル・ライズ、ジャック・トラウト
出版社：東急エージェンシー出版部
価格：1529円（税込み）

マーケティングにまつわる理論を22の法則で解説。やや古い事例が多いが、基本的な考え方は現在でも通用する

【抱えていた課題】

ブームの終焉で売上高が減少

Problem

星野リゾートはヤッホーを設立すると、10億円をかけて、本格的な醸造所を整備した。その投資額は当時の星野リゾートの年商の半分近くに当たる。地ビール事業に対する意気込みはそれだけ強かった。

星野社長は1980年代の米国留学中、規制緩和によって全米各地に誕生した小規模なビール会社（マイクロブルワリー）が、大手メーカーは手がけないエールビールという分野で成長する姿にインパクトを受けた。日本で90年代に地ビール製造が解禁になると、すぐに参入を決めた。

旅館・ホテル運営の星野リゾートがビール製造という異業種に進出することには別の狙いもあった。

星野リゾートは当時、軽井沢だけで事業を営んでいた。集客数は季節によって大きく変動し、近くの浅間山が噴火した場合、お客様が減少する不安もあった。星野社長は事業の内容や地域を広げてリスク分散を図ろうと考えた。

大手メーカーとは違う。他の地ビールメーカーとも違う

星野社長はヤッホーの設立に当たって、「少数でも『この味が好きだ』という層をつかまえればビジネスになる」と発想した。それまで日本になかった味のエールビールを全国の家庭に販売する戦略を立てた。大手メーカーと競争するのではなく、最初から新しいニッチな市場のトップに立つことを目指したのである。

他の地ビールメーカーは、醸造所付設のビアレストランを持つなど、「町おこし」の延長線上にある会社がほとんどだった。

これに対して、ヤッホーはレストランを持たなかった。販売ルートは星野リゾートの施設に頼らず、スーパーなどが中心だった。全国の家庭に売るために、配送しやすい缶入りに絞り、価格はナショナルブランドを意識して決めた。

ヤッホーはナショナルブランドのビールと差別化するために、商品のイメージづくりでも独自性を出した。製造方法の違いを印象づけるために商品名に「エール」という言葉を入

れた。家庭でビールをよく飲む40代男性の好みに合わせて、缶に日本的で個性的なデザインを取り入れた。

満を持して97年に発売した「よなよなエール」は大ヒットした。だが、ヒットの理由は戦略の正しさではなかった。地ビールブームに乗っただけだった。

99年をピークにブームが去ると、「よなよなエール」は他の地ビールと同じく急速に売り上げが落ち込み、ヤッホーは2000年の決算で売上高の減少に直面した。

「よなよなエール」は全国のスーパーやコンビニエンスストアでも販売されるようになった

【解決への取り組み】

見込み客にただ1つの言葉を植えつける

Breakthrough

ブームの終焉で地ビールメーカーはいずれも青息吐息になった。ヤッホーも販売の落ち込みが止まらなかった。広告宣伝費の削減や販売体制の縮小で01年の決算は黒字を確保したが、売上高は下げ止まらず、02年の決算は赤字になった。

販売の落ち込みをカバーしようと、多くの地ビールメーカーは製品のラインアップを広げた。1つのブランドの下に、やや軽い飲み口の「ライト」、味わいの異なる「黒」などのビールを作った。「味を増やす」ことで新しい需要を掘り起こそうと考えたのである。

ヤッホーのスタッフも同じことを考え、会議で星野社長に提案した。

「ウチでもやりましょう。取引先から『よなよなエール』はラインアップを増やしたほうがいいという声が来ています」「お客様はもっといろいろな味を楽しみたいのではないでしょうか。『よなよなエール』の新タイプを作りましょう」

しかし、星野社長は首を縦に振ろうとしなかった。「よなよなエール」のバリエーションはいつになっても増えなかった。売上高がさらに落ち込んでも、星野社長は考えを変えなかった。

よくあるマーケティング上の誤解

このとき、星野社長の頭にあったのが、ライズらによる経営書『売れるもマーケ 当たるもマーケ マーケティング22の法則』である。ライズは同書で、よくあるマーケティングの誤解を指摘し、効果的な製品作りに必要な法則をまとめている(83ページ参照)。

企業は売り上げを増やそうとして、製品のラインアップを増やそうとすることが多い。しかし、ライズによると、「短期的に見ると、製品ラインの拡張は常に売り上げを増大させる」が、「長期的な効果は無残」で、結果として売り上げが大きく落ち込む。そして、「マーケティングにおける最も強力なコンセプトは、見込み客の心の中にただ1つの言葉を植えつけることである」と主張する。

「この味」というメッセージを送り続ける

星野社長はこう振り返る。

「1つのブランドでいろいろな味を出すのは絶対にマイナスになる、とこの本で確信した。売り上げが落ちていても、『よなよなエールはこの味だ』という同じメッセージをしっかり伝えることのほうが大事だと考えた。だから味を増やさなかった」

ヤッホーのスタッフの多くは星野社長の薦めで同書を読んでいた。ライズの理論は社内で「共通言語」になっていた。しかし、なかなか売り上げが回復しない状況を前に、スタッフの中には、「本当に大丈夫なのか」と不安を感じる人もいた。

それでも星野社長は考えを変えなかった。ライズは同書で「マーケティングの効果は、長い時間を経てから表れる」と指摘しているからである。

ヤッホー設立直後からのスタッフの1人で、現在はヤッホーの経営を任されている井手直行社長は、「とにかく信じてやっていこうと思った」と語る。

ヤッホーは味のバリエーションを増やす代わりに、製造工程を見直すことなどによって品質を向上させる工夫を続けた。同時に、インターネット販売など新しい取り組みをスタートさせた。

地道な努力の積み重ねによって「よなよなエール」は固定ファンを少しずつ増やした。03年の決算には売上高はわずかながらプラスに転換した。この勢いは次第に確かなものとなり、業績は伸び続けた。味の魅力を知ったリピーターが増えるとともに売上高は伸び、05年に黒字に戻った。ヤッホーはエールビールというニッチな分野を確実に切り開いた。

「よなよなエール」はラインアップを拡張せず、たった1つの味を守り続けることで、淡々とファンを増やした。その分かりやすさが今の好業績につながっている。変えないことは正解だったのである。

*fig.*04 ● ヤッホー・ブルーイングの売上高推移

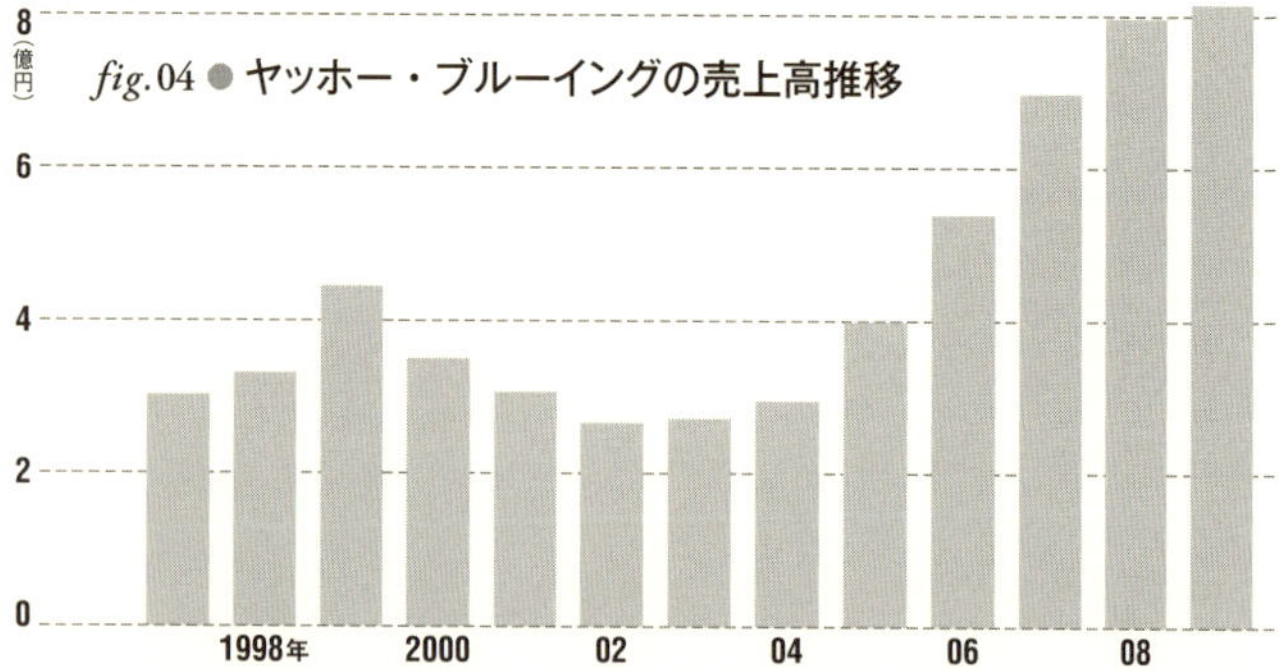

【他分野への応用】

1つのターゲットに1つのブランドを使う

Example

ホテル業で星野社長が注目しているのが、世界中に施設を持つインターコンチネンタルホテルズグループである。同グループは最高級のラグジュアリーブランドとして「インターコンチネンタルホテル」を持ち、ハイグレードなサービスを共通化することによって、お客様の高い評価を得ている。

同グループはそのほか「クラウンプラザホテル」「ホリデイ・イン」「ホリデイ・インエクスプレス」というホテルチェーンも持つ。それぞれが明確にターゲットを定めて、サービスメニュー、建物や内装、価格帯などを設定し、違う顧客層を引きつけている。全体としてさまざまなお客様を増やすことに成功している。

世界的なホテルグループには、このほかマリオットやハイアットなどもあるが、インターコンチネンタルグループのほうが客室数はずっと多い。星野社長は「インターコンチネンタルの成功の背景には、ブランディングの成功があると思う」と語る。

星野リゾートにとってブランディングは、ビール事業だけでなく、旅館・ホテル事業でも重要なテーマだ。

星野リゾートはこれまで、運営施設の名称を統一してこなかった。もともと他社が運営していた旅館・ホテルが多いため、建物やサービスの中身、価格帯などは施設によって違う。だから、「星野リゾート○○」という共通名称をつけても、統一したブランドイメージを形成することはできないと判断していた。

一方、同一ブランドによる施設の展開にも取り組み始めた。高級旅館「星のや」である。星野社長は、「星のやという名前は、圧倒的な非日常感があり、世界のトップクラスのリゾートと同じサービス水準を提供する旅館だけに使う。安易に星のやという名前はつけない。それもこの本から学んだ」と説明する。

ところが近年、新しい課題が発生している。施設数が急速に増加し運営効率は高まっている一方で、グループ全体として集客面でのスケールメリットを活かせていない点だ。星のやブランドの展開は理論通りではあるが、欠点として他の施設との相乗効果が図れていない。この経営課題に対応するための教科書として、星野社長は『ブランド・ポートフォリオ戦略』(84ページ参照)を見つけ、現在、この本を持ち歩いて熟読中であるという。

教科書のエッセンス

『売れるもマーケ 当たるもマーケ
マーケティング22の法則』

- ある市場に最初に参入することで、
他社よりも優位に立つことができる。

- あるカテゴリーでトップになれない場合、
カテゴリーを見直し、
トップに立てるような新しいカテゴリーをつくる。

- 見込み客の心をつかむためには、
焦点を絞り込んだ販売戦略が重要になる。

- 焦点を絞り込んだ販売戦略が効果を
発揮するまでには、時間がかかる。

- 製品ラインアップの拡張は短期的にうまくいっても、
長期的にはマイナスに働く。

ブランド展開の方法を知る

『ブランド・ポートフォリオ戦略』
著者：デービッド・A・アーカー
出版社：ダイヤモンド社
価格：3990円（税込み）

星野リゾートは高級旅館から団体客の多いカジュアルなホテルまでさまざまな施設を運営している。多様な施設をどうブランディングしていくか。その課題を解決するために星野社長はこの本を読み込んでいる

日本有数の教科書の書き手

『競争優位のブランド戦略』
著者：恩藏直人
出版社：日本経済新聞出版社
価格：2243円（税込み）

星野社長は恩蔵氏のマーケティング関連の著書をいずれも高く評価

社員との勉強会で読み込んだ

『マーケティング戦略』
著者：恩蔵直人、和田充夫、三浦俊彦
出版社：有斐閣
価格：2100円（税込み）

マーケティングの入門書。「取っつきにくそうな本だが、内容は非常に優れている」

星野社長が参考にした戦略の教科書

教科書を使う留意点を教える

『戦略サファリ』

著者：ヘンリー・ミンツバーグ、ジョセフ・ランペル、ブルース・アルストランド
出版社：東洋経済新報社
価格：3990円（税込み）

経営学の戦略論を10学派に分け、ユニークな視点から分析する

戦略の重要性を説き刺激的

『ストラテジック・マインド』

著者：大前研一
出版社：プレジデント社
価格：1890円（税込み）

日本の経営に欠けていた戦略的な思考の重要性を伝える。「大前氏の代表作」

第Ⅲ部

教科書通りのマーケティング

――「やるべきこと」をやり切れば、すべてが変わる

Marketing of Hoshino Resort

Marketing of Hoshino Resort | #01

「おいしくなかったら全額返金します」

スキー場レストランのヒットメニューを育てる

サービスの品質が低下していたスキーリゾート。
その運営に乗り出した星野社長が打ち出した大胆な戦略――。
スタッフは初め反発したが、やがて自分で考えて行動するようになった。

返金を求めるお客様が続出するのではないか…

「アルツ磐梯」は磐梯山の山麓にあり、猪苗代湖を望むリゾートである。施設内にはスキー場、ゴルフ場、ホテルなどを備えている。スキーシーズンは稼働率が高く、家族連れのスキー客、若いスノーボーダーでにぎわう。

このスキー場のお客様の大半が昼食を取るのが、ゲレンデに面したセルフサービス方式のレストランである。人気メニューはカレーライスで、注文の約5割を占め、毎シーズン約10万食が出るという。

カレーライスの人気の秘密は「おいしさ保証」である。これは「カレーを食べた人が『おいしくない』と感じた場合、スタッフに申し出ると、代金を全額返金してもらえる」というサービスである。「おいしくない」と感じた理由がいかなるものであっても、申し出があった時点で、返金に応じる。

味がどうだったかにかかわらず返金に応じると、「本当はおいしかったけれど、『おいしくない』と言って代金を取り戻そうと考えるお客様が続出するのではないか」。そんな懸念を抱きたくなる。

星野リゾートがアルツ磐梯の運営を引き受け、星野社長が「おいしさ保証」を提案したとき、スタッフは「不正な返金が相次ぐため、大変なことになるのではないか」と激しく反発した。

しかし、サービスを実際にスタートしてみると、トラブルは起きなかった。それどころか、スタッフが自分のサービスに対する意識を高く持つようになったという。

「おいしさ保証」の背後には、米国の経営学者、クリストファー・W・L・ハートの「サービスの100%保証システム」という論文がある。

星野社長はこの論文をどのような形で経営に生かしているのだろうか。まずは、このサービスを導入しようと考えた背景から振り返ろう。

星野社長が参考にした教科書

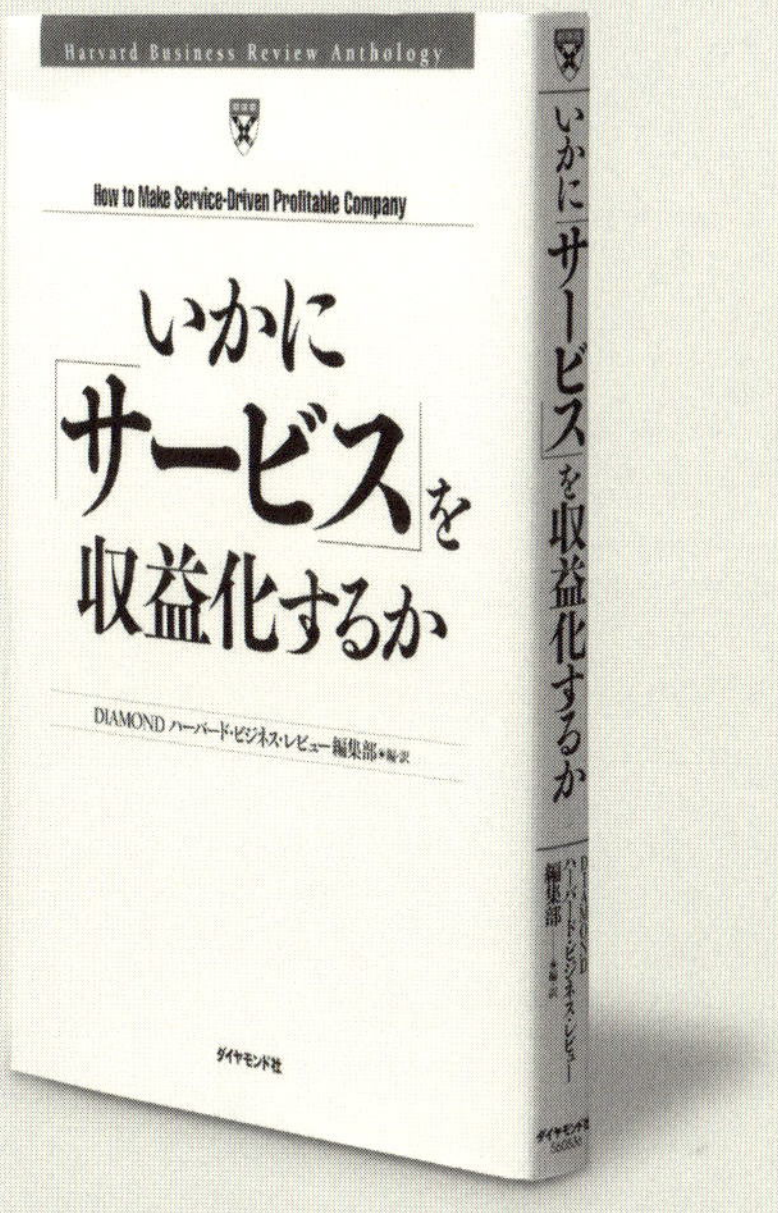

『いかに「サービス」を収益化するか』

編者：DIAMOND ハーバード・ビジネス・レビュー編集部
出版社：ダイヤモンド社
価格：1890円（税込み）

ハート氏の論文のほか、「ハーバード・ビジネス・レビュー」
に掲載されたサービスに関する論文を多数収録

【抱えていた課題】

顧客満足度を考えないスタッフに危機感

Problem

星野リゾートがアルツ磐梯の運営に乗り出したのは2003年のことだった。アルツ磐梯はそれまで第三セクターが運営していたが、バブル経済崩壊で当初の事業プランが破綻し、経営が行き詰まった。その経営立て直しに乗り出したのが軽井沢などで旅館・ホテルの運営実績を積んできた星野リゾートだった。

再生を始めるに当たって、星野社長はアルツ磐梯に自ら足を運んだ。そこで気づいたことは、スタッフが自分で考えず、指示を待っているために、動きが非常に鈍いことだ。スタッフと話してみると、お客様へのサービスに対するモチベーションが低い。「スタッフは常に上司の方ばかり向いていた。多くのスタッフがお客様のことを考えていないことがすぐに分かった」

その直感は、アンケート調査でも裏づけられた。

星野リゾートは旅館やホテルの再生プランを決めるために、レストラン、客室などサービスメニューごとに顧客満足度調査を詳細に行う。その結果を見ながら満足度の低いサービスを一歩ずつ改善して、顧客満足度を上げていく。お客様が満足する施設に変身させることでリピーターを増やす。同時にムダを解消することで収益の改善を進め、黒字化を達成する。

まずはアルツ磐梯だけでなく、スキー場のサービス全般についての調査を実施した。その結果は驚くほど低評価で、スキー場を訪れるお客様は、現状に全く満足していないことが判明した。スキー場のスタッフは、自分たちの仕事がサービス業であるとの意識が希薄で、顧客満足度を考えたことがない人が多かったのである。

「スタッフの意識を変えなければならない。それも劇的に変える必要がある」。こう決意した星野社長の頭をよぎったのが、ハートの「サービスの100%保証システム」の論文である。

星野社長がこの論文と出会ったのは、1980年代のことである。慶応義塾大学を卒業後、米国コーネル大学大学院に進んだときに、そこで教壇に立っていたハートから教えを受け、「サービスの100%保証システム」の論文も熟読した。

【解決への取り組み】

「まずくて当たり前」だから「保証」の意味あり

ハートの論文は、製造業で一般的な「保証」がサービス業にはほとんどないと指摘し、機械よりも不確かな人間が提供するサービスこそ「保証が重要」と力説している。

ハートが提唱する保証システムは、約束を実行できなかった場合、顧客に代金を返金するというものだ。返金理由に付帯条件や留保条件をつけず、返金の仕組みを簡単にすることなどを求めている。

軽井沢では「保証」を取り入れなかった理由

保証の意義は、顧客に安心感を与えることだけでない。ハートは、サービスを提供する社員がサービスに責任感を持つようになる、と指摘する。星野社長はこの論文を知ったとき、「こんな考えがあるのか」と新鮮な印象を持った。

星野社長は、父から経営を引き継いだ軽井沢のホテル・旅館の改革に乗り出したときには、この仕組みを使わなかった。その必要はないと考えたからだ。

ハートは「サービス保証制度が不要となる時」について記している。それは既にサービス内容に定評がある場合だ。軽井沢の旅館・ホテルはブランドイメージが高く、お客様は「サービスが良くて当たり前」と考える。これは「不要となる時」であり、「サービスの100%保証システム」を導入する意味がなかった。

アルツ磐梯の状況は正反対だった。顧客満足度もブランドイメージも低かった。星野社長は、お客様の安心、スタッフのサービスへの責任感向上の両面から、アルツ磐梯にこの仕組みを導入する意義は大きいと判断した。

保証を導入する対象として注目したのがゲレンデのレストランだった。アルツ磐梯に限らず、スキー場のレストランについて、多くの人は「おいしくなくて当たり前」とあきらめているからだ。

「お客様が大きな不満を持つゲレンデのレストランこそ、100%保証を取り入れる意味は大きい。アルツ磐梯のサービスへのこだわりをお客様とスタッフに伝えよう」。星野社長はこう考え、主力メニューであるカレーライスの「おいしさ保証」を発案した。

スタッフの反発はすさまじかった。レストラン責任者の鳥里星生ユニットディレクターは、「どんなにおいしいカレーを作っても返金を求められるかもしれない。そうなったら大変だ」と不安を持った。

だが、星野社長はアルツ磐梯を変えるために、反発を押し切って「おいしさ保証」の導入を決めた。鳥里ユニットディレクターは腹を決め、何度も試食を繰り返して味を高めた。そして03年12月からカレーの「おいしさ保証」を開始した。

開始3日目にやってきた最初の返金要求

初日と2日目は返金の申し出がなかった。スタッフが拍子抜けしていると3日目、「返金してほしい」と若い2人組の客が来

*fig.*05 ● カレーの「おいしさ保証」でサービス品質が向上

	顧客の反応	スタッフの対応
開始前の懸念	返金を求める客が続出するのではないか	客からの返金要求とクレームの対応に追われるのではないか
実施した結果	満足度がアップ	仕事への責任感がアップ

た。スタッフは「とうとう始まった」と恐怖を感じた。返金時に理由を尋ねると、客は「ご飯がべとべとだ」と説明した。スタッフが確かめると、炊飯器の老朽化でご飯がしっかり炊けていなかった。若者の言う通りだった。

「これは大変だ」と危機感を持ったスタッフは、大慌てで新しい業務用炊飯器を注文した。

「お客様は誠実だということがよく分かった」

一連の動きを聞いた星野社長は「スタッフがサービスに責任を持ち、自分から動き始めた」とうれしくなった。

この日を境にスタッフは「どうしたらお客様に満足いただけるか」を意識し、「おいしさ保証を伝える大看板を作ろう」「辛口がどれくらい辛いかきちんと伝えよう」など、独自の工夫を開始した。カレーの「おいしさ保証」はやがてアルツ磐梯がサービスを高めて再生の道のりを歩む象徴になった。

懸念した返金はほとんどなく、1シーズン10万食を提供するうちの10件程度に過ぎない。星野社長は「お客様は誠実だということがよく分かった」と語る。

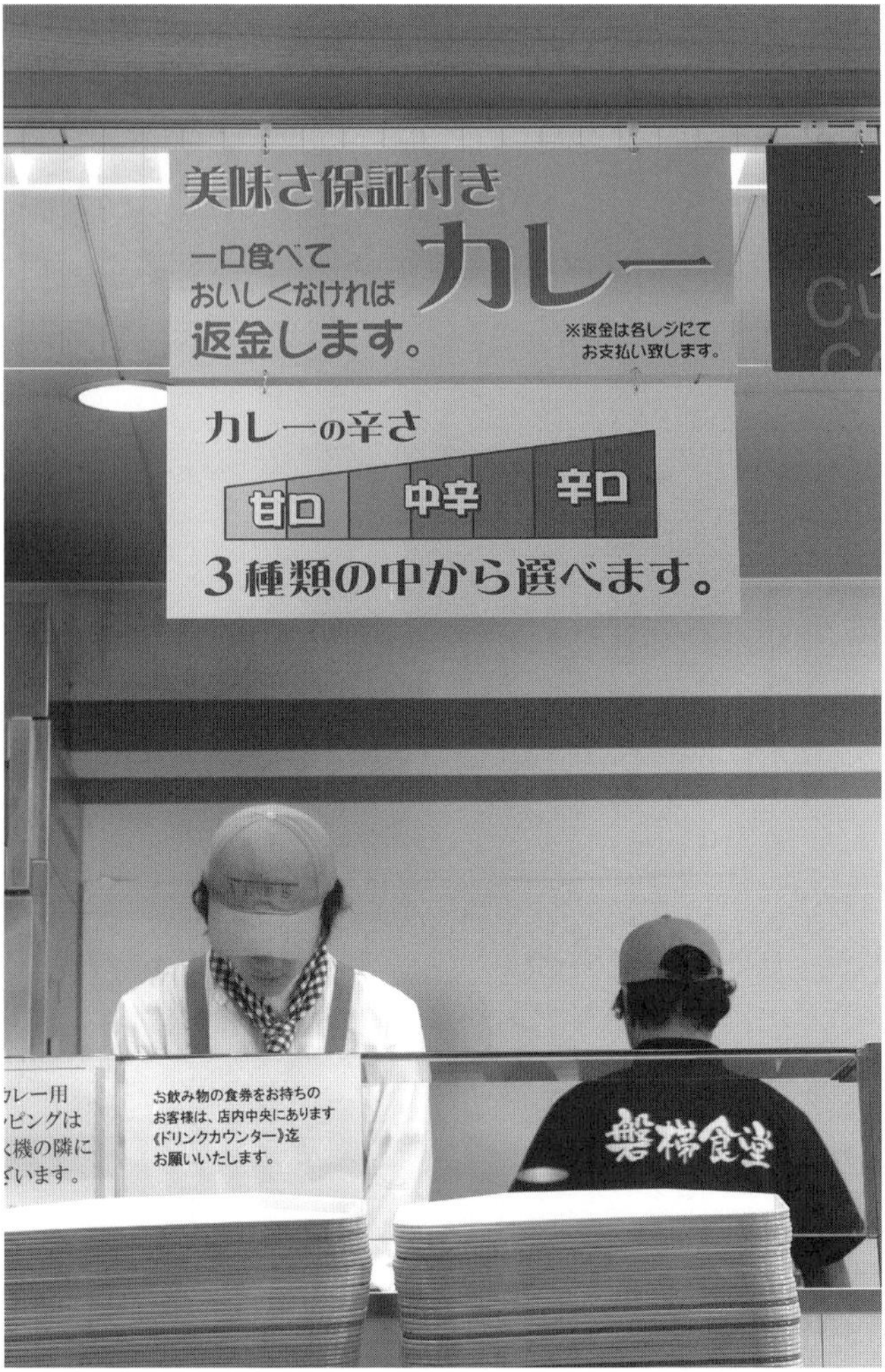

「おいしさ保証」を伝えるために、スタッフは大きな看板を店内に掲げた

【他分野への応用】

スクール事業やネット販売にも役立つ

Example

アルツ磐梯はカレーの「おいしさ保証」に続いて、04年、スキー・スノーボードのスクールで「上達保証制度」を開始した。レッスン終了後、お客様が「あらかじめ約束したレベルに達しなかった」と感じた場合、受講料を全額返金するサービスである。

スクールの責任者である石内圭一ユニットディレクターは、インストラクター全員が「先生が生徒に教える」のでなく、「お客様に対してスクールというサービスを提供する」という意識を持つため、教え方のマニュアル作りやインストラクターの評価制度作りを進めた。1回のレッスン参加人数はかつて最大12人だったが、サービスを徹底するために4人まで減らした。

この保証制度の返金発生率は、毎年0・1％以下。評判が口コミで広まり、12月の事前予約スタート時、電話が殺到する日本有数の人気スクールになった。

「保証」は製造業では一般的だが、これをサービス業に当てはめることをハートは教えてくれた。

ハートによると、ホテルやレストランを顧客にする米国のある害虫駆除会社は「害虫を完全に退治する」ことを顧客に約束する。施設の利用者が建物内で害虫を見つけたとき、そのお客様の飲食代、宿泊代の支払い、わび状の送付、次の食事・宿泊1回分の支払いなど多様な保証をつけているという。

星野社長は「例えば英会話などでもサービスの100%保証が使えるのではないか」と語る。

インターネットで増え始めた「ベストレート保証」は、「当社のホームページ経由での予約や注文が一番安い」と明言するやり方だ。

スキー・スノーボードのスクールでは「上達保証制度」を導入した

教科書のエッセンス

『いかに「サービス」を収益化するか』に収録された「サービスの100%保証システム」

- 製造業の製品には保証書がある。だが、サービスには保証書がない。何らかの保証が必要ではないか。
- 「サービスの100%保証システム」とは、サービスが約束通りに提供されることを保証するシステムである。
- サービス内容が約束通りでない場合、顧客がサービスに対して支払った金額を返金する。
- 顧客が返金を求める理由について、付帯条件や留保条件をつけない。また返金請求の仕組みを簡単なものにする。
- このシステムを導入することで、顧客は安心してサービスを受けることができる。
- サービスを提供する社員は、このシステムによって自分のサービスに対して責任感を持つ。
- 既にサービス内容に定評がある場合、サービス保証システムは不要である。
- 保証制度を悪用するお客様がいたとしても、その不正が与える損害は、保証システムによる利益に比べると、ずっと小さい。

お客様への対応は数十秒の勝負

瞬時に最適判断する人材を育てる

お客様と接する一瞬の対応が積み重なり、施設全体の評価が決まる。
では、スタッフの判断力を高めるためには、どうすればいいのか。
トップが覚悟を持って取り組むことで、現場が動き出す。

満足してもらえるか、失望されるか

サービス業の最大の特徴は、生産と消費が同時に行われることだ。旅館・ホテルのスタッフがお客様対応にかける時間は、1回当たり平均十数秒程度である。あっという間の短い時間で、スタッフは最適な判断をして、お客様の要望に応える必要がある。

スタッフの対応が的確ならば、お客様は満足し、そのスタッフだけでなく、施設全体を高く評価し、繰り返し訪れてくれる。しかし、スタッフの対応が不十分なとき、お客様は失望する。スタッフのミスが積み重なれば、お客様はクレームの声を上げ、施設を厳しく非難する。

スタッフがお客様と接するわずかな時間――。それを「真実の瞬間」と呼び、世界的なロングセラーとなったビジネス書がある。北欧の航空会社、スカンジナビア航空の社長を務めたヤン・カールソンが1980年代に書いた『真実の瞬間』である。

カールソンは「真実の瞬間」の重要性をスタッフに理解してもらい、判断力を高めていく取り組みを続けることで、赤字だったスカンジナビア航空の再建を実現した。同書はその体験を基にしたものである。

星野社長は『真実の瞬間』に強く影響を受けた。瞬間的な判断力の大切さをスタッフに理解してもらい、顧客満足度を高める努力を続けている。

青森県十和田市で星野リゾートが運営する「奥入瀬渓流ホテル」は、バイキングを提供するレストランの顧客満足度が急上昇している。お客様への対応を的確にするため、スタッフの配置や案内の手順を徹底的に見直し、言葉のかけ方なども工夫した結果だ。星野リゾートの全バイキング施設で顧客満足度がトップになった。

長野県・軽井沢町で運営する「ホテルブレストンコート」では、スタッフの接客ミス情報を共有して再発を防ぐために、「ミス撲滅委員会」を設けている。その活動を通じて、スタッフは「真実の瞬間」の対応力を磨いている。

星野社長が参考にした教科書

『真実の瞬間』

著者：ヤン・カールソン
出版社：ダイヤモンド社
価格：1325円（税込み）

サービスのあり方を説いた定番として読み継がれている。原書は1985年、日本版は90年に出版。

【抱えていた課題】

現場スタッフの判断の質を高めたい

Problem

星野社長が『真実の瞬間』に出合ったのは、91年に星野リゾートの経営トップに就任して間もないころだ。

最初は何気なく手に取っただけだった。読み始めてすぐに「サービス業がどうあるべきかについて、強い説得力を持って書かれている」と気づき、衝撃を受けた。

星野リゾートは軽井沢で温泉旅館・ホテルを運営し、老舗としての評価は得ていたが、一方では経営上の課題も多く、将来が見えづらくなっていた。星野社長は状況を打開するために、改革を進めようと考えていた。

数え切れないほどの「真実の瞬間」が繰り返される

同書の著者が経営していたスカンジナビア航空の場合、スタッフがお客様と接する「真実の瞬間」の時間は平均15秒に過ぎないという。だが、その回数は膨大で、数え切れないほどの「真実の瞬間」が繰り返される。その対応力によって、企業に対するお客様の評価は決まっていく。

「現場のスタッフの判断の質こそが、会社全体に対するお客様の評価を決める」。こう確信した星野社長は、スタッフの対応力向上に本格的に取り組み始めた。

経営情報をスタッフに公開

「真実の瞬間」の対応力を上げるには、スタッフが自分で考えて動く体制が不可欠である。では、考えるためには何が必要なのか。

「判断の根拠となる情報を持つべきだ」と考えた

*fig.*06 ●「真実の瞬間」の対応力向上で評価をアップ

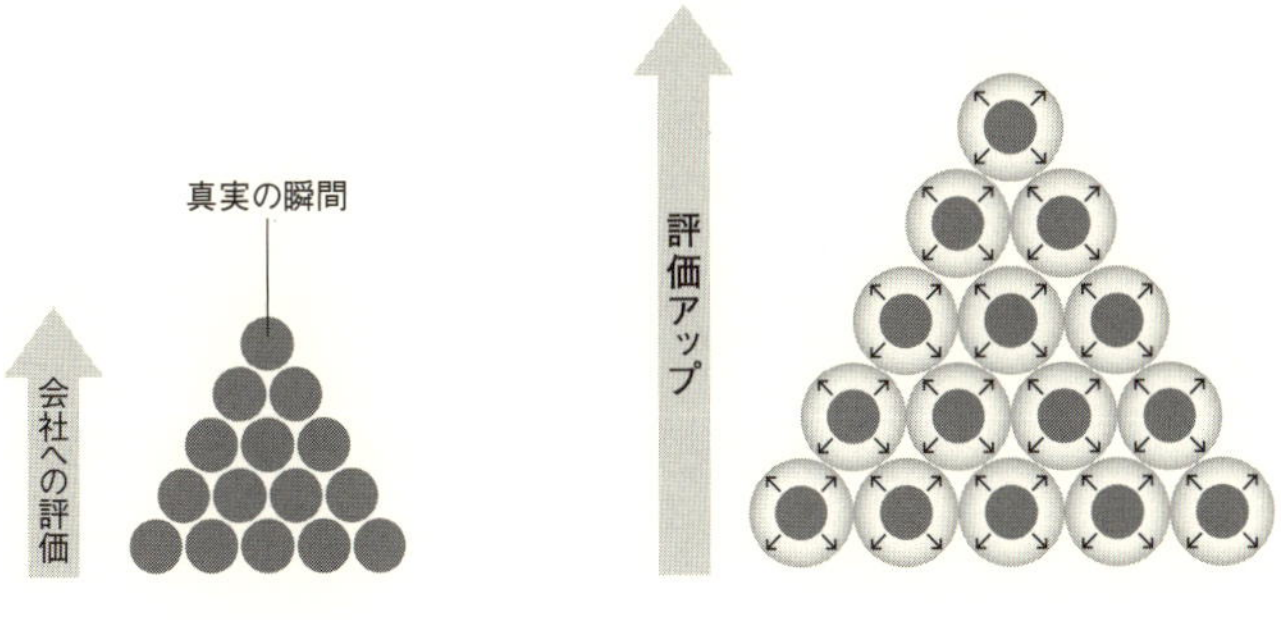

星野社長は、さまざまな経営情報をスタッフに対して積極的に公開した。

「売上高、利益などの情報を共有することで、スタッフは星野リゾートの意思決定の理由、プロセスを深く理解するようになる。それはスタッフの的確な判断につながる」。そう発想したのである。

「自分ならこうしたい」をできるようにする

同時に、組織を徹底的にフラットに切り換えた。

星野リゾートにおける「フラットな組織」とは、組織の文化としてのフラットさを意味する。自由なコミュニケーションを大切にして、スタッフがポジションにかかわらず自分の意見を述べることを推奨する。

「スタッフは当時、『自分ならばこういうサービスをしたいのに』という不満を持っていた。対応を任せたことで、スタッフは生き生きと働き始めた」（星野社長）

【解決への取り組み】

ミスを憎んで人を憎まず

星野社長はお客様対応に関するスタッフの裁量を明確にした。「スタッフは、そのとき自分が必要だと判断したサービスを自由に行うことができる。サービスの内容や範囲は現場の判断に任せる」と決めた。

星野リゾートはやがて他社からリゾートの運営を引き受けるようになったが、そこでも星野社長の姿勢は変わらなかった。軽井沢の施設と同じように、スタッフへの情報開示を徹底し、フラットな組織づくりを進め、「真実の瞬間」の質を高めている。

奥入瀬渓流ホテルは、2005年から星野リゾートが運営を手がけている。同ホテルにあるバイキング形式のレストラン「紅山」では、お客様への対応力を磨くために、スタッフの配置や行動を徹底的に見直した。

そのとき山下圭三総支配人が特に意識したのは、レストランに来店したお客様の出迎えである。

同レストランでは、それまでお客様が集中する時間帯になると、出迎えのスタッフが不足することがあった。山下総支配人は「お客様に心地よく過ごしてもらうためには、まず、しっかりした出迎えが重要」と判断した。


出迎えのスタッフが不足しないようにするには、人員を増やす必要があった。しかし、再生中のホテルにスタッフを増やす余裕はない。

そこで山下総支配人は、フロントや客室清掃など他分野の業務や人員配置を見直し、レストランでの出迎え要員に充てた。お客様を少しでも早く出迎えられるように、入り口付近でスタッフの立つ位置や、立つ角度も微妙に変更した。

スタッフ1人ひとりの「真実の瞬間」の対応力の底上げも図った。約4カ月かけて、ロールプレイング形式でお客様対応のトレーニングを繰り返した。さまざまな工夫を積み重ねた結果、同レストランの顧客満足度は急上昇し、星野リゾートのバイキング施設で、トップの評価を得るようになった。

ミス情報を収集して運営システムを見直す

星野リゾートの本拠地、軽井沢の施設は「真実の瞬間」の対応力を高めるために、一歩進んだ取り組みを進めている。

ホテルブレストンコートでは、お客様対応のミスの情報を共有し、対策を練るために、「ミス撲滅委員会」が活動を続けている。

同委員会のキャッチフレーズは「ミスを憎んで、人を憎まず」。「ミスを起こした人の責任を問う」ことではなく、「同じミスを起こさない」ことが大事だからである。

ミスをなくすには、なるべく多くのミス事例を分析し、運営システムを見直すことによって、同じミスが起きない仕組みに変えていく必要がある。だからミスを隠さず公開してもらうことが大切だ。そこでミス撲滅委員会は3つのルールを定めた。

①ミスを報告する人は「実際にミスを起こした人」「他の人が起こしたミスについて知っている人」のどちらでもよい

②ミスをした人を絶対にしからない

③ミスを報告してくれたことについてしっかり褒める

こうしたルールを定めた結果、ミスが起きたのに報告しなかったり、当事者がミスと気づいていなかったりした「隠れたミス」の報告が集まるようになった。

活動に消極的な部門もあったが、ミス撲滅委員会を立ち上げた米内山泰ディレクターは「部門ごとに報告数のノルマを設け、小さなミスでもいいから出してもらううちに定着した」と語る。集めたミス情報を基に再発防止の仕組みをつくるなどの活動を進めている。

ミス撲滅委員会は、「星のや軽井沢」などでも設置され、「真実の瞬間」の対応力を底上げしている。

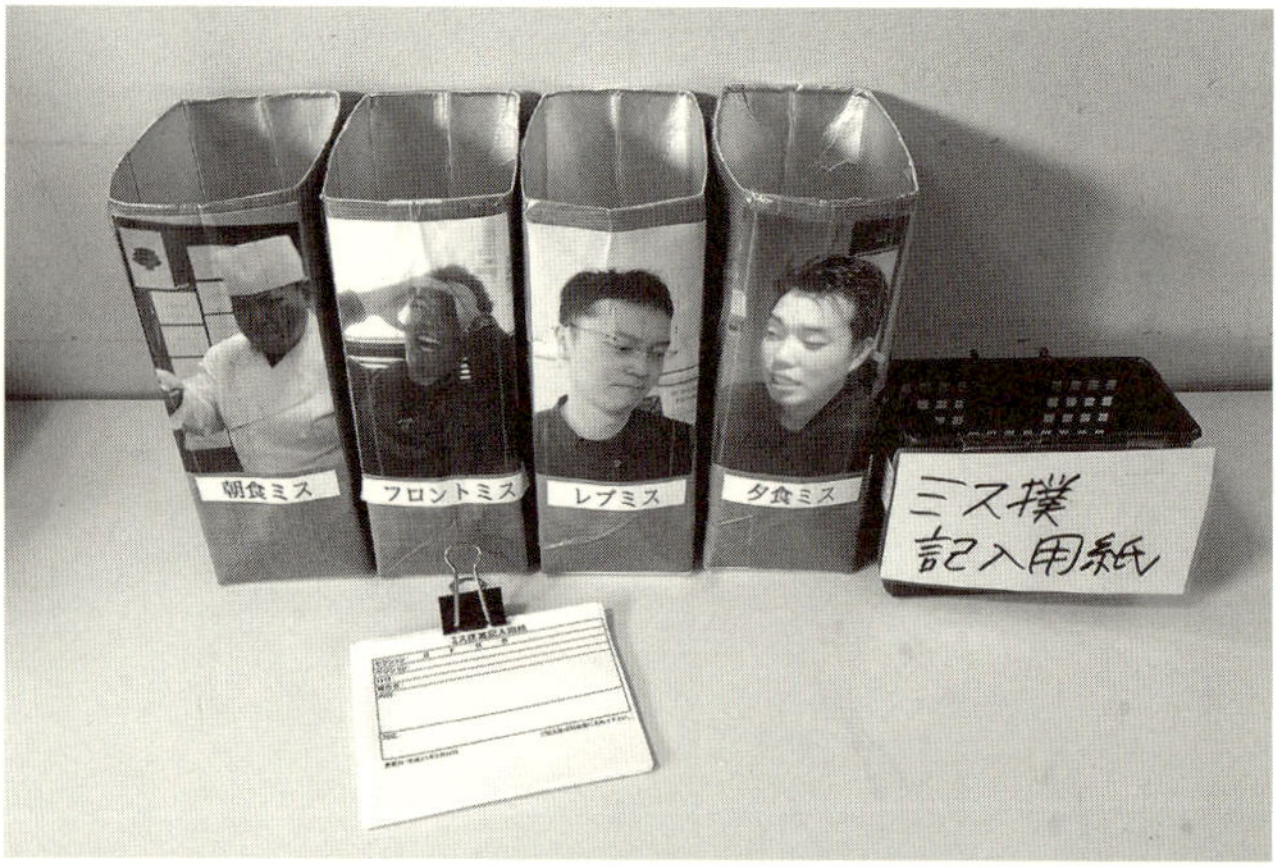

軽井沢の施設のバックヤードにあるミス情報収集用の箱

【他分野への応用】

「攻めの接客」は幅広い業種で役立つ

Example

「真実の瞬間」の対応力について、星野社長が高く評価しているのが、グローバルダイニングである。

同社はレストランやカフェ、焼き鳥店などタイプの違う飲食店を運営している。星野社長は「接客に対して自信を持っているスタッフが非常に多いと思う。お客様を前にしたとき、スタッフは『どう対応して差し上げようか』と楽しんでいると思えるほどだ。同社のスタッフは『攻めの接客』を感じることが多い」と評価する。

星野社長が海外企業の成功事例として挙げるのが、米国でさまざまなスタイルのレストランを運営しているレタス・エンターテイン・ユー・エンタープライズである。

同社はシカゴに本社を置き、創業者のリチャード・メルマンは「シカゴのレストラン王」と呼ばれている。メルマンはフランス風、スペイン風、メキシコ風などタイプの全く違う人気店を多数育てた。星野社長はメルマンに何度も会ったことがあり、大きな刺激を受けた。

「スタッフはお客様に対してパフォーマーのように振る舞っている。どのスタッフも接客のための強い意欲に満ちているのが印象的だ。『やらされている』という感じのスタッフは全くいない」

同社のスタッフはサービスに対する自信にあふれている。「レタス」という社名には、〝let us entertain you〟という意味も込めている。

幅広い業種で読まれるべき本

サービス業以外でも、お客様への対応力が問われるケースは増えている。「『真実の瞬間』は幅広い業種で役立つ本である。

星野社長は『真実の瞬間』を読んだ後、カールソンが経営改革を実行したスカンジナビア航空を利用したことがある。「確かにサービスが非常に素晴らしいと感じた。本に書いてある内容には間違いがないと実感した」と振り返る。

教科書のエッセンス

『真実の瞬間』

- お客様はスタッフと接する短い時間＝「真実の瞬間」の中で、企業を評価する。
- 「真実の瞬間」の質を引き上げることで、企業の競争力を高める。
- 経営者はスタッフの対応力を上げるために、分かりやすいビジョンを示し、必要な情報を共有する。
- 顧客のニーズに迅速に対応するために、階層の少ない組織をつくることが大切。
- 最前線のスタッフは、顧客１人ひとりのニーズと問題に対応する権限を持つ。
- サービス業だけでなく、さまざまな業種でお客様対応の重要性が高まっている。

Marketing of Hoshino Resort | #03

おもてなし向上へ「気づき」を集める

1人ひとりにピッタリのサービスを提供

お客様の求めるサービス水準が高い高級旅館を舞台に、
きめ細かなおもてなしで満足感を高めている。
お客様情報を蓄積し、サービスの向上に活用する。

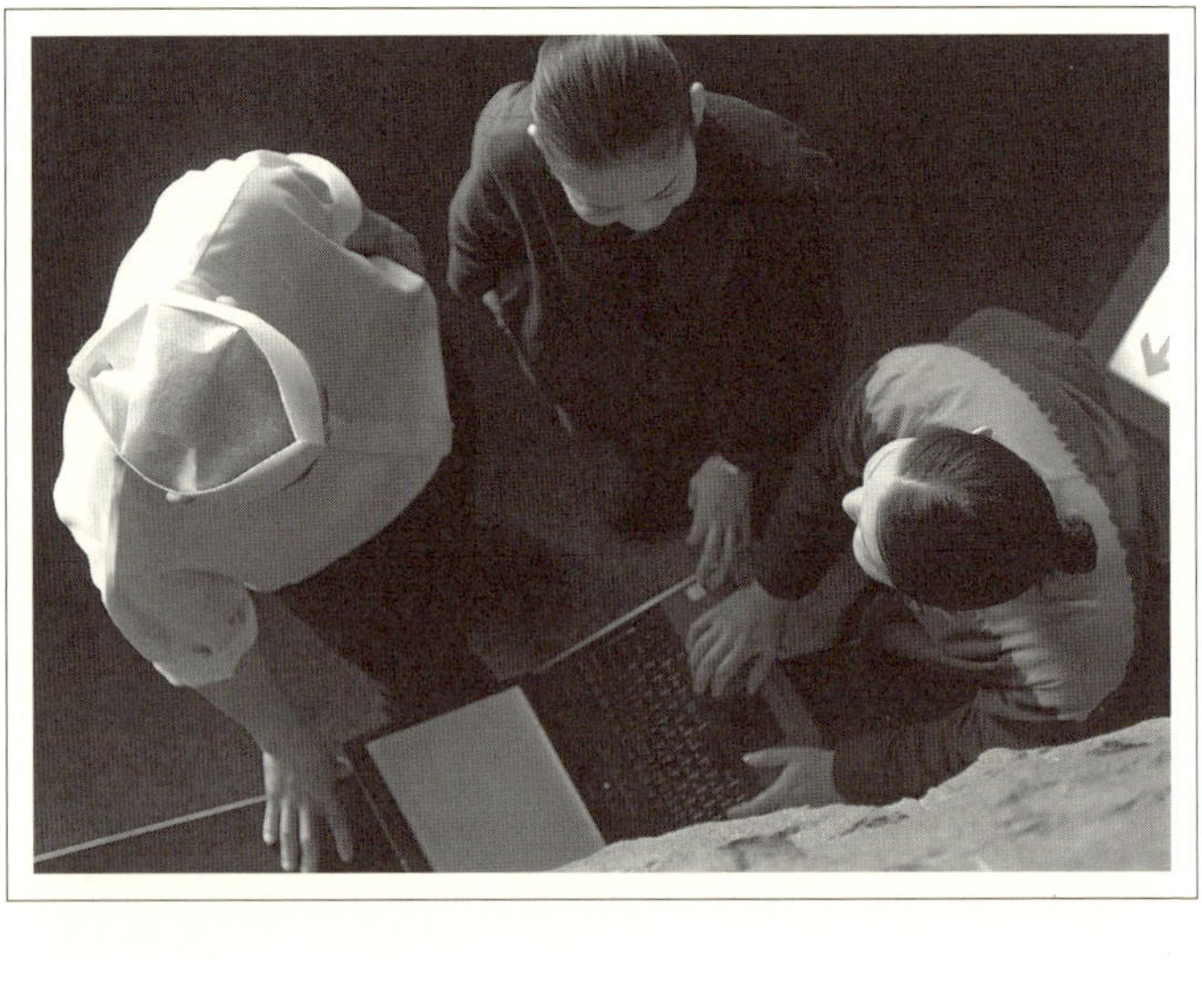

お客様の「好み」を蓄積する情報システム作り

長野県軽井沢町の「星のや軽井沢」は星野リゾート屈指の高級旅館である。水路が流れる緑豊かな敷地内に77室の離れ風の客室が点在している。秋になれば木々は紅葉して、全く違う表情を見せる。

星のやはハードだけでなく、ソフトでも顧客満足度の向上を追求している。24時間ルームサービスなど共通メニュー化されたサービスだけでなく、お客様1人ひとりに合わせて、「気配り」「おもてなし」を高度化する仕組みを取り入れている。お客様が星のやを再訪するたびに、個々の要望に合わせたきめ細かいサービスを提供するのである。

例えば、お客様が星のやを最初に訪問したとき、客室にシャンパンを持ち込んだとする。それに気づいたスタッフはお客様に頼まれなくても、すぐにシャンパンクーラーを用意して、部屋に届ける。

この情報は、お客様が再び訪れたときに、確実に生かされる。最初から部屋にさりげなくシャンパンクーラーを用意しておくのである。お客様は持ち込んだシャンパンをすぐに冷やして楽しむことができる。

タオルをたくさん使い、あらかじめ用意した分で足りなかったお客様がいれば、次回の訪問時にはタオルを最初から多めに用意する。

こうした「気配り」を実現するために、星野リゾートは顧客情報を集約する情報システム「CRMキッチン」を独自に開発し、星のや軽井沢に先行して導入した。その情報システムにお客様が利用したサービスのデータなどを蓄積し、1人ひとりに合わせた「おもてなし」を提供する。顧客満足度を向上させることが狙いだ。

このサービスのベースにあるのが、経営コンサルタント、ドン・ペパーズが1990年代に提唱した「ワン・ツー・ワン・マーケティング」の理論である。この理論は、多くの企業が参考にしたが、思うように実践することができなかった。星野社長は入念に準備して理論に沿った仕組みを整えている。

星野社長が参考にした教科書

『ONE to ONE マーケティング』

著者：ドン・ペパーズ、マーサ・ロジャーズ
出版社：ダイヤモンド社

顧客1人ひとりに合わせたサービスを提供する意義を語る。
原書は1993年発行。示唆に富む記述が多い

【抱えていた課題】

お客様のニーズに近いが、ピッタリではない

Problem

星野リゾートは、顧客満足度の向上と業務の効率アップを両立させることを目指している。そのための手法として、まずはお客様を年齢や性別などのグループに分けて分析する「セグメント・マーケティング」を導入した。この結果得られたデータを見ながら、必要なサービスメニューを練り上げた。

だが、サービス水準が高くなる中で、セグメント・マーケティングの限界が浮上した。「このやり方では、お客様1人ひとりのニーズは分からない。これはお客様からすれば、『自分のニーズに近いがピッタリではない商品』を買っていることになる。もう一歩、進化させることができないか」。星野社長は理想と現実のギャップを埋めたいと考えた。

そんな中で、「星のや軽井沢」の計画が動き出した。世界のリゾートに負けないサービスを提供する旅館を作るというプロジェクトだ。

「お客様1人ひとりに合ったサービスを提供しよう。そのために新しいマーケティングに本格的に取り組もう」

サービスの理想を追求する星野社長が注目したのが、ペパーズが提唱したワン・ツー・ワン・マーケティングである。お客様と1対1で対話することで、個別の要望に合わせて製品やサービスを提供する考え方だ。

ITの発展で実現可能に

ITの発展によって、企業はお客様1人ひとりの情報を詳細に記録し、分析・活用できるようになった。それを前提としたワン・ツー・ワン・マーケティングは90年代、新しい経営手法として注目

fig.07 ● **顧客1人ひとりにピッタリのサービスを提供**

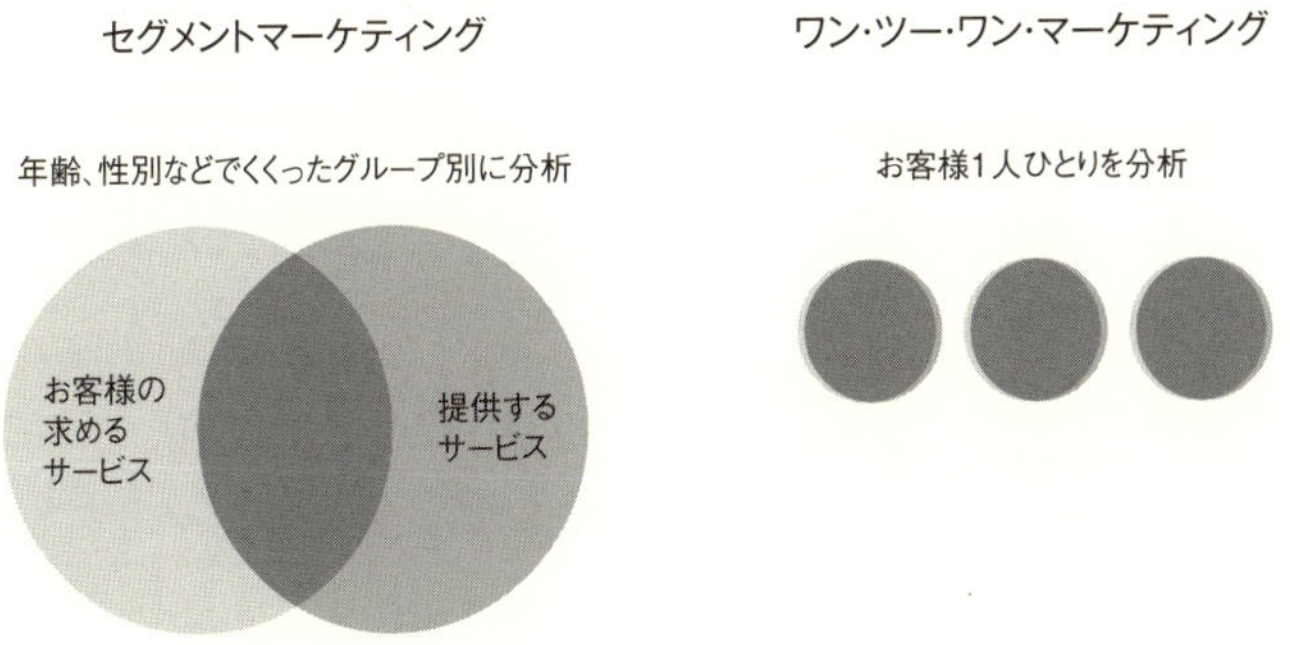

を集めた。

しかし、導入は進まなかった。手間と時間がかかるからだ。途中で挫折するケースも多かったのである。

必死に追い求める価値がある

星野社長は「もしこの仕組みができたら、お客様の満足度は必ず高くなる。お客様の好みなどを把握して、それを他社に知られずに独占することもできる。星野リゾートにとって、お客様の情報は最も大事な資産である。コストがかかっても、必死に追い求めるだけの価値がある」と腰を据えて臨んだ。

星のや軽井沢は、雑誌の読者調査などで「行ってみたい旅館」の上位に入る

【解決への取り組み】

役に立たない情報は捨てる

星のやでワン・ツー・ワン・マーケティング導入の中心になったのは、吉川竜司総支配人である。吉川総支配人は大学卒業後、システムエンジニアとして情報システム会社で働き、それから星野リゾートに入った。宿泊予約のシステム作りを進めるなど、星野リゾートのIT戦略を引っ張ってきた。

ワン・ツー・ワン・マーケティングの新しいシステムを作るに当たり、吉川総支配人は、部署ごとにバラバラに保管していたお客様情報を集約することから始めた。年齢、性別などのプロフィルや、滞在日数などの利用情報、アンケート方式による顧客満足度の調査データなどを1つにまとめた。

こうしてベースになるデータを整えたうえで、吉川総支配人はお客様の要望をしっかりつかむために、接客したスタッフの現場情報をかき集めた。接客での「気づき」をすべてメモ書きで提出してもらうことにした。短期間に大量のメモが集まった。

星野社長は「お客様の満足度を高めるという視点から、本当に必要な情報は何かを見極めよう。役立つ情報だけを残して、不要な情報は捨てよう」とアドバイスした。不要な情報を集めすぎてしまうと、ワン・ツー・ワン・マーケティングが定着しないからだ。

吉川総支配人がメモを分析すると、8割は不要な情報だった。スタッフの主観的な情報で、サービスメニュー作りに結びつかなかった。吉川総支配人は残りの2割のメモを分類整理し、外部のシステム会社と協力しながら、システム作りを進めた。

お客様の要望に的確に応えてこそ意味がある

この分野では、ワン・ツー・ワン・マーケティングに基づくシステムの先行事例がなかった。予想通り、開発は困難にも直面した。しかし、星野社長はあきらめなかった。吉川総支配人にさまざまなアドバイスを送り続けた。

こうして完成したのが「CRMキッチン」である。名前には「料理メニューを作るように、お客様の好みに合わせてサービスを作る」という思いを込めた。

星野リゾートはこのシステムの詳細を外部に公開していないが、吉川総支配人によると、

ゆったりとくつろげる空間で快適なサービスを提供するために情報システムを活用する

「リピーターのお客様がいらっしゃったときに、お客様1人ひとりに合わせたサービスメニューが自動的に表示される」などの仕組みが盛り込まれている。

ただし、いくら「提供すべきサービス」が分かっても、それを的確に実行することができなければワン・ツー・ワン・マーケティングは成功しない。星のやでは、リピーターのお客様が宿泊するとき、スタッフは事前にCRMキッチンの画面を見ながらミーティングを開き、必要なサービスメニューを確認する。吉川総支配人は「サービスを徹底するためには、手間がかかったとしても、スタッフが顔を合わせて話し合うことが大切だ」と強調する。

CRMキッチンは、リピーターへのサービス向上だけでなく、一度訪問してくれたお客様に的確な案内を届け、リピーターになってもらうためにも役立っている。

営業を担当している澤田裕一ユニットディレクターは、「CRMキッチンを活用することで、過去に宿泊したお客様に対して、それぞれの好みに合ったイベントや宿泊プランなどを電子メールで提案している」と説明する。

ワン・ツー・ワン・マーケティングによって、星のやは顧客満足度が上がり、「非常に満足」と答えた人が35％から50％に伸びた。お客様がリピーターとなる比率も上がった。そしてリピーターのお客様の場合、その5割が再び1年以内に再び宿泊するという。

【他分野への応用】

ネット販売のアマゾンは「お薦め」で躍進

Example

アマゾン・ドット・コムは、早くから顧客情報を生かしたワン・ツー・ワン・マーケティングを取り入れ、大きな成果を上げている。お客様の過去の購入履歴などに基づいて、「お薦め商品」を電子メールで利用者に知らせる。過去に同じ商品を買った人のデータを基に、「この商品を買った人は、こんな商品も買っています」という形で他の商品についても知らせる。こうした提案をシステム化することによって、アマゾンは売上高を伸ばしてきた。

「星のや京都」とシステムを共有

星野リゾートは今後、ワン・ツー・ワン・マーケティングに基づくCRMキッチンをグループのさまざまな旅館・ホテルに広げていく予定である。「星のや」の2軒目として、2009年12月にオープンした「星のや京都」でもCRMキッチンを活用している。軽井沢と京都の星のやは、お客様情報を共有し、軽井沢に宿泊したことのあるお客様が京都に初めて宿泊する場合も、「星のや」のリピーターとしてきめ細かなサービスを受けられる。

星野社長は「ＣＲＭキッチンによって達成できた点もあるが、私にとって『まだこれから』という面もある。これまでの経験を生かし、さらに良いシステムを作りたい」と語る。

ワン・ツー・ワン・マーケティングは90年代に脚光を浴びたが、それを提唱したＩＴ業界のキーワードは移り変わりが速い。今ではワン・ツー・ワン・マーケティングという言葉をほとんど耳にしなくなっている。しかしお客様１人ひとりに向けて、こだわりのあるきめ細かなサービスを提供しようという流れは、これからも変わることがないだろう。

「この理論は、時間とコストをかけて、必死に追い求めるだけの価値があると確信している。お客様１人ひとりに１００％満足していただくためには、それだけの取り組みが必要だ」と星野社長は語る。

コストカットの時代に合っていないのでワン・ツー・ワン・マーケティングをやめる企業もある。だが、この理論は多様化するニーズに対応するために欠かすことができない。星野社長は「続ける企業にとってはむしろチャンス。コストに見合ったワン・ツー・ワン・マーケティングを考えていくことが大切だ」と強調する。

教科書のエッセンス

『ONE to ONE マーケティング』

- ITの発展が従来のマーケティングを大きく変えている。ワン・ツー・ワン・マーケティングを支える技術は予想以上のスピードで進化している。
- 企業はお客様1人ひとりの特徴を把握するマーケティングが可能である。
- 企業はお客様と1対1の関係を持ち、製品やサービスにお客様の要求を反映できる。
- お客様との取引情報を次の製品・サービス作りや提案に生かすことによって、顧客満足度を高め、リピーターになってもらう。
- 電子メールなどのツールは中小企業にとって利用しやすい。
- お客様情報を乱用しない。

顧客が感じる「品質」を長期的に高めていく

ブランド価値を高める改革

会社の屋台骨を支える事業に陰りが見えてきたとき、
変化を恐れず、長期的な視点に立って、改革を推進した。
ブランドイメージの立て直しに成功し、売上高を伸ばしている。

リゾートウエディングの大改革

軽井沢高原教会は、長野県軽井沢町の星野エリア内にあり、ホテルブレストンコートに隣接する。

そのルーツは、軽井沢が日本に住む外国人の別荘地となって間もないころ、約90年前にさかのぼる。長い歴史を持つ教会だ。リゾートウエディングの先駆けとして知られ、毎年たくさんのカップルが結婚式を挙げる。

この教会での結婚式のセレモニーは15年ほど前、劇的に変貌を遂げた。

1990年代後半まで、軽井沢高原教会での結婚式は、白馬に引かれた馬車に新郎新婦が乗って教会の周辺を回るなど、メルヘン志向の演出が売り物だった。

ところが、星野社長は、この人気サービスを完全に捨て去った。現在は派手な演出はなし。厳粛かつ晴れやかにセレモニーは進行する。

森の中にある教会で、牧師は、晴れの日を迎えた新郎新婦がそれぞれ歩んできた道のりを振り返りながら、静かに語りかける。

結婚式が終わると、教会の前で出席者は新郎新婦に華やかにライスシャワーを降らせる。そして、全員が木々の自然に包まれた中庭に集まり、シャンパンで乾杯し、2人の門出を祝福する。シンプルだが感動的な時間を提供することにこだわったセレモニーが進行していく。


この教会の隣には「牧師館」がある。牧師が常駐している施設で、軽井沢高原教会で結婚式を挙げたカップルにとって、「いつでも帰ってこられる場所」として新設された。

軽井沢高原教会の結婚式は、星野リゾートのスタッフと教会の牧師がじっくり話し合いを重ねながら、現在の形になった。

その背景には米国の経営学者、デービッド・A・アーカーによる「ブランド・エクイティ」という理論がある。星野社長がこの理論を導入した背景から振り返ってみよう。

星野社長が参考にした教科書

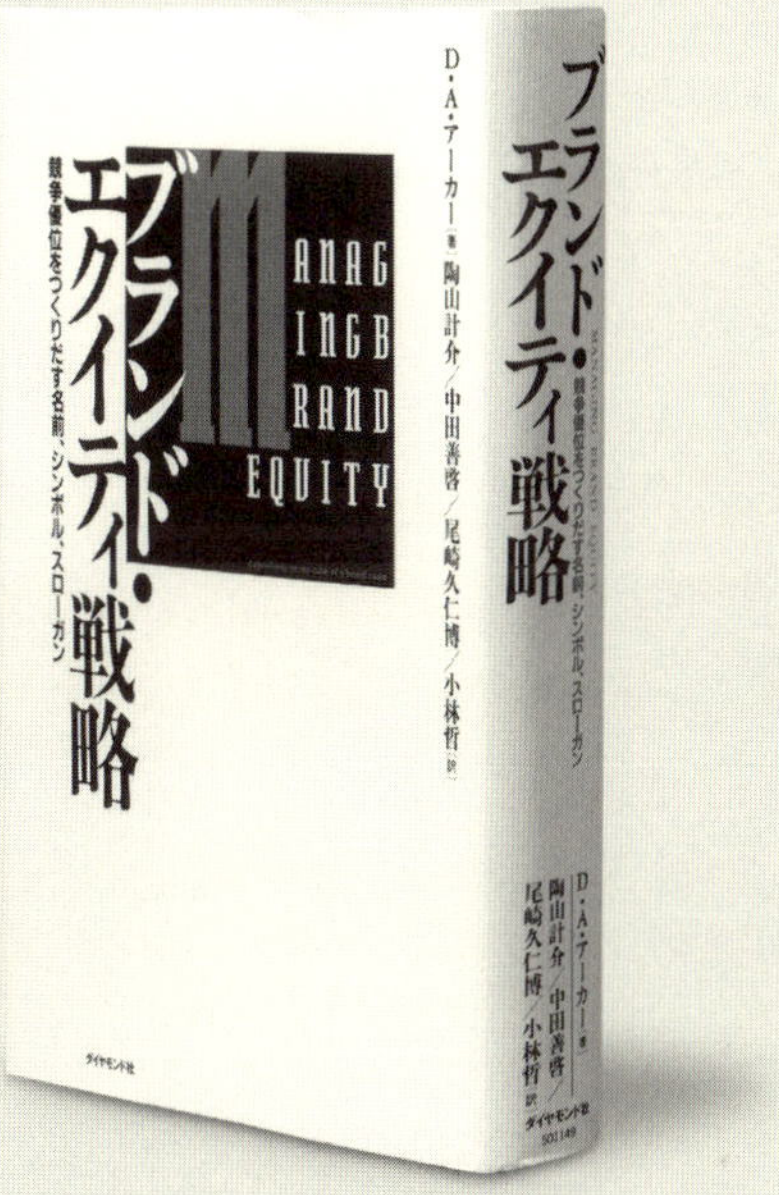

『ブランド・エクイティ戦略』

著者：デービッド・A・アーカー
出版社：ダイヤモンド社
価格：3990円（税込み）

ブランド理論の古典として、20年近く読み継がれている。長期的な視点でブランドを生かす経営戦略を体系的に説く

【抱えていた課題】

大ヒット商品の人気に陰り

Problem

軽井沢高原教会でメルヘン調の演出がスタートしたのは70年代である。白馬の馬車などユニークなアイデアを次々に取り入れ大人気を集めた。このヒットによって星野リゾートのブライダル部門は大きく成長を遂げた。

90年代に入ってもブームは続き、軽井沢高原教会で結婚式を挙げるカップルは途切れることがなかった。売り上げなどの数字も、好調を維持していた。

だが、91年に経営を引き継いだ星野社長は、その限界を感じていた。メルヘン志向の演出に魅力を感じない人が増え始めていたのである。「このままで本当に大丈夫だろうか」という不安が強くなった。このとき脳裏をよぎったのが、ブランドの持つ価値を企業の資産としてとらえる「ブランド・エクイティ」という発想である。

企業は短期的な業績にとらわれずに、長期的な視点からブランドの資産価値を高めるべきだ――。ブランド理論の第一人者であるアーカーはこう強調する。星野社長は80年代の米国留学中にアーカーの論文を読み、大きな衝撃を受けていた。
アーカーはブランドの価値を決める要素として次の5つ挙げている。

・認知＝知られているかどうか
・知覚品質＝お客様がどのように感じるか
・連想＝ブランドについて思い浮かべること
・ロイヤルティ＝リピーターとなってくれるかどうか
・他のブランド資産＝トレードマークなど

星野社長は特に「知覚品質」に注目した。アーカーによると、この知覚品質がブランド価値のカギを握るという。

「軽井沢高原教会の知覚品質に課題がある」と直感した星野社長は、自分の考えを客観的に確かめようと、調査会社を使い、軽井沢高原教会で結婚式を挙げたカップルにグループインタビュー形式で意見を聞き、同時にアンケート調査を行った。その結果、軽井沢高原教会は、認知度は高いが、知覚品質に陰りが出つつあることがはっきりした。

【解決への取り組み】

やめるだけでなく、より良い点を加える

知覚品質が下降してきた理由は、メルヘン志向の演出にあった。「このままでは軽井沢高原教会のブランド価値は低下し、立ち行かなくなる」。星野社長は危機感を持った。

業績好調な事業を改革すべきか？

だが、すぐには改革に踏み出さなかった。星野リゾートは当時、軽井沢だけでビジネスを展開していた。軽井沢高原教会の結婚式とホテルの披露宴を合わせたブライダル部門は、会社の中で大きなウエートを占める事業だった。リゾートウエディングのブームは続いており、馬車などのメルヘン志向の結婚式を喜ぶお客様は相変わらず少なくなかった。

「データの上で知覚品質に陰りがあるのは確かだが、ウエディング部門は今のところ順調だ。本当に改革に踏み切っていいのか」。星野社長は自問自答を繰り返した。

決断をためらう間、知覚品質の調査データは下降線をたどった。星野社長は2年間悩み続けた末、「従来のやり方をやめるという消極的な考えだけではうまくいかない」「新しい方向を目指す、より良い点をつけ加えるという積極的な視点を持つと、『変える勇気』がわく」と気づき、全面的な見直しを決断した。

原点に返ってセレモニーを見直す

「挙式セレモニーとは本来どうあるべきなのか。その原点に返って考えてみよう」。星野社長はスタッフに語りかけた。出席者の心に残るしっかりとしたセレモニーにするために、式の内容を見直すことにしたのである。

軽井沢高原教会は約90年の歴史があり、日本におけるリゾートウエディングの先駆けとなった

ソフトとハードの両面を見直す

その結果、軽井沢高原教会の結婚式のセレモニーでは、馬車などメルヘン志向の演出をやめることになった。

スタッフからは、「お客様が喜んでいるのになくすのか」「ブライダル部門の売上高が下がる」と心配する声が出たが、星野社長はためらわなかった。「『心に残るセレモニー』というコンセプトに合わない。短期的に挙式組数を維持できるからと言って、ブランド資産を削る手法は、長期的に見て持続可能ではない」と説明した。

一方、ソフトとハードの両面から結婚式の新しい魅力をつけ加えた。

まずは軽井沢高原教会の牧師と話し合いを重ね、牧師が結婚式を挙げるカップルと事前にじっくり話す時間を設けた。牧師は新郎新婦がそれぞれ歩んできた道のりを踏まえて、式の場で語りかける。

結婚式が終わったあと、出席者がカップルに祝福を伝える方法にも知恵を絞った。家族や友人たちが新郎新婦を囲んでシャンパンで乾杯し、和やかに語ることのできる場所を教会に近い中庭に作った。

また、それまで教会では夏の期間だけ礼拝を行っていたが、1年中、毎週日曜日の昼に礼拝を開くことにした。結婚式の希望が多い時間帯なので、その分、挙式組数も減少する。が、教会のあり方を見つめ直し、セレモニーの魅力を高めることを目指した。

牧師が常駐する「牧師館」も作った。式を挙げたカップルが気軽に立ち寄れるようにして、結婚式の感動をいつまでも持ち続けてもらう。

結婚式の雰囲気に合った質の高い披露宴を行うことができるように、ホテルブレストンコートの全面的な改装も行った。


一連の改革によって、メルヘン風の挙式を求めるカップルは来なくなった。このため、挙式組数が大幅に落ち込んだ。社内からは「前のやり

知覚品質のデータを手がかりに教会のあり方を見つめ直した

方のほうがよかった」という声が出たが、星野社長は動じなかった。

顧客満足度はやがて上がり、挙式組数も増加

星野リゾートで広告部門のディレクターを務める直井通子氏は「挙式組数が減ったとき、ブライダル戦略会議を何回も開き、工夫を積み重ねた」と語る。

新しいセレモニーの顧客満足度はやがて上がり、それに少し遅れて挙式組数は増加に転じた。「質」にこだわるカップルが増えるのに応じて、それに合ったサービスをつけ加えた。1組当たりの単価は上昇し、ブライダル部門の収益力は向上した。

*fig.*08 ● 軽井沢でのブライダル事業の業績と知覚品質

	1990年ころまで	改革開始後の数年間	現在まで
業績	ブームで好調	大幅に悪化	再び浮上
知覚品質	いち早く低下	徐々に向上	さらに向上

【他分野への応用】

ブランド価値は「貯金」に似ている

Example

星野社長は「ブランドの価値は貯金に似ている。取り崩していたら、いつか失われる。将来を見て、積み上げていくことが大事だ」と語る。

ブランド資産の向上に関する取り組みについて、星野社長が高く評価するのが、和菓子の虎屋である。虎屋は約500年の伝統を持つ老舗で、長い時間をかけてブランドの価値を磨き上げてきた。

虎屋は伝統のある店舗だけでなく、六本木の東京ミッドタウンなど新しい商業施設にも出店しているが、「どの場所にあっても、全くぶれていない。その姿勢は素晴らしいと思う。虎屋のようかん、と聞くだけで、お客様は、さまざまなことを約束されている」（星野社長）。

ブランド価値を大事にしている企業として星野社長がもう1社挙げるのは、コカ・コーラである。

「世界中で認知されているだけでなく、知覚品質も高い。知覚品質が高いから、コカ・コーラのマークを見るだけで、お客様はスカッとさわやかな気持ちになる。ほかの会社もコーラを作るが、コカ・コーラを逆転できない。それだけすごいブランドだと思う」

認知率は広告費に比例するが、知覚品質は社員の力で高まる

軽井沢高原教会での経験を通じて、星野社長は知覚品質の重要性を強く実感した。「認知率はある程度、広告費と比例する面があるが、知覚品質はそうではない。サービス業において、知覚品質を高めるのは社員の力である。社員1人ひとりの対応にかかってくるところが大きい」と強調する。

「社員の対応に不十分な面があると、ブランドにとってマイナスに働く。それはブランドとお客様との約束を破ることになるからだ」。こう考えている星野社長は、機会があるごとに、社員にブランド価値について語りかけている。

教科書のエッセンス

『ブランド・エクイティ戦略』

- ブランドには資産としての価値がある。
  その価値は時間とともに変わっていく面があるため、
  積極的に管理する必要がある。

- ブランドの価値を決める要素は次の5つである。
  認知＝どれだけ知られているか
  知覚品質＝お客様がどのように感じるか
  連想＝ブランドについて思い浮かべること
  ロイヤルティ＝リピーターとなってくれるかどうか
  他のブランド資産＝トレードマークなど

- ブランド力を高めることによって、企業は
  競争を優位に進め、収益性を高めることができる。

- ブランドの価値を高めるためには、長期的な
  視点に立った首尾一貫した取り組みが必要である。

- 目先の売り上げや利益を追うだけでは、
  ブランドの価値は高められない。
  お客様の期待を裏切ると、ブランドの価値は下がる。

ポジションの見直しに役立つ

『ニューポジショニングの法則』
著者：ジャック・トラウト
出版社：東急エージェンシー出版部
価格：1680円（税込み）

時代の変化を乗り切るために、目指すポジションの見直し方を紹介

名前のつけ方など多くを学ぶ

『ブランディング22の法則』
著者：アル・ライズ、ローラ・ライズ
出版社：東急エージェンシー出版部
価格：1785円（税込み）

ブランド構築を22の視点から分かりやすく解説する

体験自体に価値があるという発想が新鮮

『経験価値マーケティング』
著者：バーンド・H・シュミット
出版社：ダイヤモンド社
価格：2310円（税込み）

感性や感覚に訴えるマーケティングについて多様な実例を交えながら解説

星野社長が参考にしたマーケティングの教科書

顧客志向の極限を知る

『サービス・リーダーシップとは何か』

著者：ベッツィ・サンダース
出版社：ダイヤモンド社
価格：1890円（税込み）

優れたサービスを実現するリーダーのあり方を語る

何度も来てもらうヒント

『顧客ロイヤルティの時代』

著者：内田和成、嶋口充輝
出版社：同文舘出版
価格：2940円（税込み）

リピーターを増やす方法を具体的なケーススタディーで検証

具体的なケースから学ぶ

『グロービスMBAマーケティング』

編著者：グロービス経営大学院
出版社：ダイヤモンド社
価格：2940円（税込み）

ヒット商品の実例に基づいてマーケティングを体系的に論じる

第IV部

教科書通りのリーダーシップ

——すぐに成果は出ないが、必ず成果は出る

Leadership of Hoshino Resort

社員の気持ちを1つにまとめる

ビジョンを掲げて会社の目指す方向を示す

経営改革を実現するために、ビジョンを掲げ、社員に浸透させた。
同じことを繰り返し語りかけ、社員の気持ちのベクトルをそろえた。
楽しみながらビジョンを覚えてもらえるように、独自の工夫を凝らした。

社員の耳にタコができるくらいビジョンを言い聞かせる

星野リゾートは「リゾート運営の達人」という経営ビジョンを掲げている。旅館・ホテルの運営を主力事業として定め、その達人と呼ばれるだけの高いレベルを目指す——。そんな思いが込められている。

星野社長が経営ビジョンを作ったのは、星野リゾートの経営トップに就いて間もないころである。

星野社長は社内の自由な議論と積極的な提案を重視するが、経営ビジョンの策定では社員の声を幅広く集めようとはしなかった。「会社の向かう方向を決めるのは経営陣の専管事項」と考えたからだ。弟の星野究道専務ら幹部の意見を聞いただけで、自分が主導して経営ビジョン作りを進めた。そして新入社員でも理解できる分かりやすい言葉で、目指すべき企業像を定めた。

経営ビジョンの実現にどれだけ近づいているかを測る具体的な尺度も定めた。「顧客満足度（お客様アンケートの結果から数値化）」「売上高経常利益率」

「エコロジカルポイント（環境基準に関する達成度を示すデータ）」の3つである。

この3つの尺度の数値目標も定めた。例えば「経常利益率」の目標は20％である。達成するのは簡単でない。

お客様の満足度向上を追求すると、サービスの質を高めるためのコストが大きく膨らみかねない。しかし安定的に利益を出せるようにしなければ、事業を続けることは難しい。リゾート開発＝環境破壊ということにならないために、エコロジカルポイントの達成も重視している。相反する課題をクリアしてこそ、「リゾート運営の達人」というわけである。

星野社長は社員に経営ビジョンを繰り返し語る。社員たちの耳にタコができるくらいビジョンを何度も伝えている。経営ビジョンが音声メッセージで流れる目覚まし時計などのグッズも作り社員に配布している。

経営ビジョンの共有に力を入れる背景には、ジェームズ・C・コリンズ、ジェリー・I・ポラスによる経営書『ビジョナリー・カンパニー』がある。

星野社長が参考にした教科書

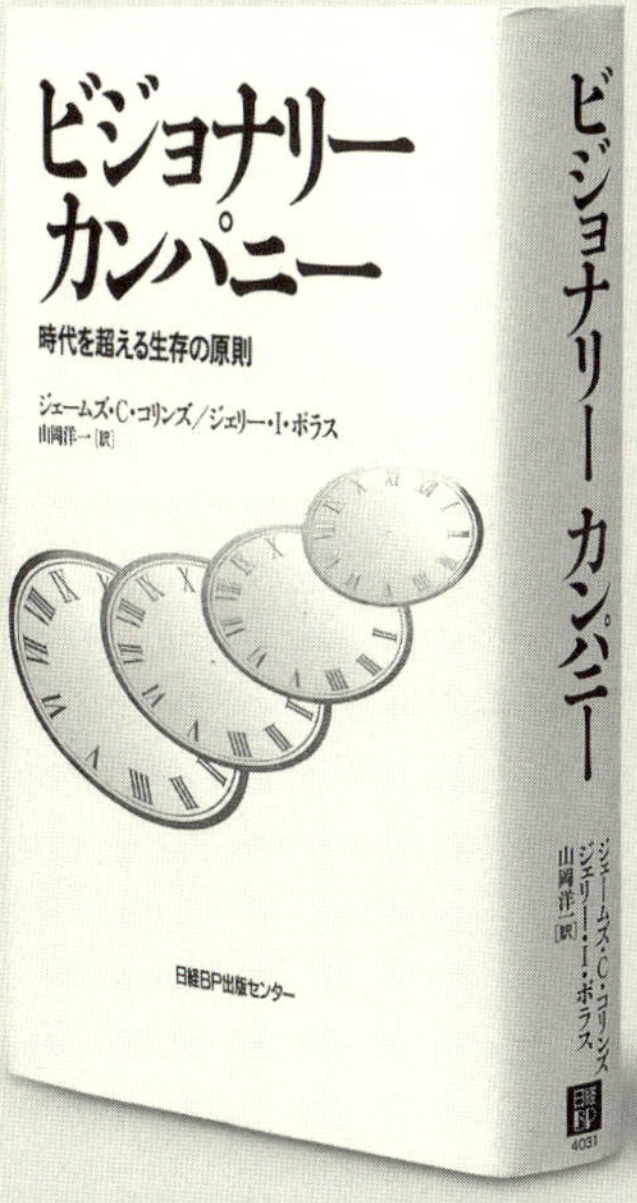

『ビジョナリー・カンパニー』

著者：ジェームズ・C・コリンズ、ジェリー・I・ポラス
出版社：日経BP社
価格：2039円（税込み）

サブタイトルは「時代を超える生存の原則」。経営ビジョンの意義を説くロングセラー

【抱えていた課題】

人材がどうしても集まらない

星野社長がトップに就任したころ、星野リゾートは軽井沢のローカル企業だった。施設が古くなっていたことも響き、「経営改革を進めたいのに、人材がどうしても集まらない」という課題を抱えていた。新卒者の合同就職説明会に参加しても、「話を聞いてみようか」と興味を持ってくれる学生はほとんどいなかった。そこで星野社長は発想を変えた。「会社の現状をどれだけ語ったとしても魅力を感じてもらえないならば、会社の将来についての話をしよう。今は残念ながらこういう状態だ。しかし、目指す将来像に向かって最短距離で進む。そう語れば、関心を持ってもらえるのではないか」

そして会社の将来像を分かりやすく伝えるために、「リゾート運営の達人」という経営ビジョンを定めた。

星野社長はそのころ既に、施設の所有にこだわらず、運営に特化するという方針を打ち出していた。日本の旅館・ホテルには運営に特化する会社は見当たらなかったが、海外の有力ホテルチェーンを筆頭に、世界の潮流はそうなっていた。日本のリゾートでも、施設を所有する投資家などが現れ、同時に運営を引き受ける会社が活躍するチャンスが拡大する――。そんな将来像に基づいて、経営ビジョンを定めた。

明快で魅力的な経営ビジョンに基づいて会社の将来像を語る星野社長の姿は、学生にとって新鮮に映った。「何だか面白そうな会社だ」「分かりやすく筋の通った説明をしてくれる社長だ」と興味を持つ人が増えた。

初めは新卒採用のための会社アピールを狙って作った経営ビジョンだったが、その重要性を認識した星野社長は、事あるごとに経営ビジョンを語るようになった。それは『ビジョナリー・カンパニー』の影響が大きい。

ビジョナリー・カンパニーとは、時代を超え、際立った存在であり続ける企業を意味する。同書に登場する企業はいずれも、社員の指針となる明快な経営ビジョンを持っている。そしてビジョンを会社の隅々にまで浸透させている。

同書の中で、星野社長が特に引きつけられたのは、経営ビジョンが企業の成長にプラスになるという指摘である。「長期的な視点から事業を見たとき、経営ビジョンの共有が正しい戦略だと確信を持つことができた」。

【解決への取り組み】

グッズを作り、楽しんで覚えてもらう

経営ビジョンの浸透によって同じ目標を共有する社員が増えたことによって、社内の意思疎通は円滑になった。経営改革のピッチは速まり、業績の改善は加速した。

「短期的な業績に左右されず、経営ビジョンを中心に据えて、その実現に向けて一歩ずつ進んでいこう」。星野社長のぶれない経営はこうして固まっていった。

軽井沢の自社施設の改革を果たした星野リゾートは、全国各地で旅館・ホテルの運営を引き受け始めた。星野社長はそれらの施設でも「リゾート運営の達人」という経営ビジョンを広げた。

星野社長のメッセージが流れる目覚まし時計

社員に経営ビジョンへの興味を持ち、しっかりと頭に入れてもらうために、オリジナル

*fig.*09 ● 経営ビジョンの共有で成長は加速する

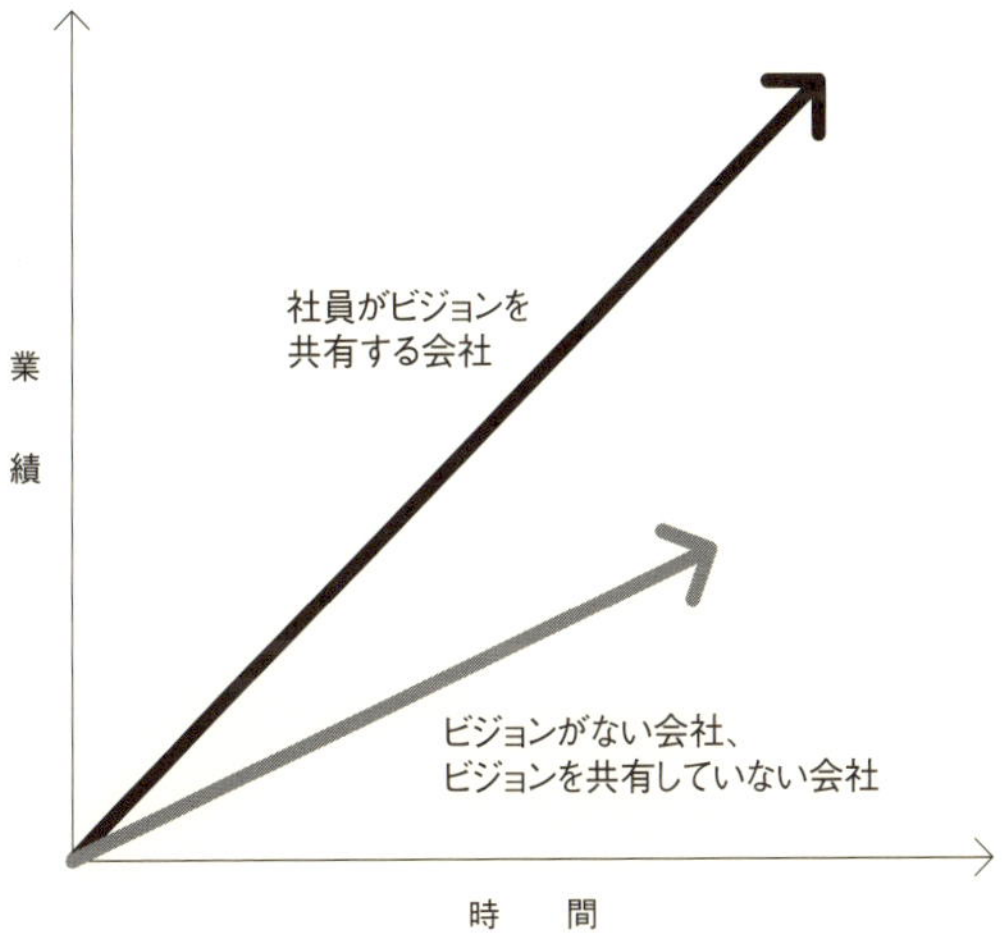

経営ビジョンと目標数字を書き込んだ「ビジョナリーカップ」を社員に配布している

グッズも考案してきた。

例えば「星野リゾート目覚まし時計」（148ページの写真）は、アラーム音の代わりに「起きてください」という言葉と、「顧客満足度」「経常利益率」「エコロジカルポイント」の数値目標が音声メッセージとして流れる。アラームを完全に止めないと、今度は星野社長の声で、「リゾート運営の達人を目指して、今日も1日頑張りましょう」というメッセージが流れる。

「ビジョナリーカップ」は、マグカップの内側の側面に「顧客満足度」「経常利益率」「エコロジカルポイント」の目標数値が書いてあり、底には「リゾート運営の達人」の文字がある。飲み物を飲み進むうちに、次々と目標を〝達成〟

裏磐梯猫魔ホテルは2009年4月から星野リゾートが運営し、社員にビジョンを浸透させている

して、経営ビジョンにたどり着くという仕組みである。

こうしたグッズは旅館・ホテルごとに毎月開く社員の誕生会などで、プレゼントとして配布される。星野社長は「経営ビジョンをまじめに語ることも重要だが、忘れないようにとにかく印象に残すことも大切。グッズなどは、ばかばかしく見えるかもしれないが、楽しみながら経営ビジョンを覚えてもらえる」と説明する。

調理もメニューもビジョンから発想する

星野リゾートが軽井沢以外で初めて運営を手がけたリゾート施設はリゾナーレ（山梨県）である。大手流通グループが経営していたが、バブル崩壊で経営が行き詰まり、2001年、星野リゾートが再生に着手した。

再生を始めるとき、星野社長はリゾナーレの社員に対して直接、「リゾート運営の達人」という経営ビジョンを説明した。

政井茂総料理長は「そのとき私は調理の担当者だった。正直に言えば、経営なんて関係がないと感じた」。が、経営ビジョンを何度も繰り返し聞かされ、グッズに触れるうちに、考えが変わった。「経営ビジョンがあるからスタッフが価値観を共有できる」と気づいた。政井氏は今では経営ビジョンからすべてを発想する。「経営ビジョンを実現するために、調理はどうあるべきか」「メニューはどうするのか」と考える。

社員にビジョンが浸透したリゾナーレは黒字に転換した。

裏磐梯猫魔ホテル（福島県）は、09年4月から星野リゾートによる運営がスタートしたばかりの施設である。それまでの間、所有会社や運営会社が何度か変わってきた。

星野社長は運営に当たって、いつもと同じように、社員に経営ビジョンを語ることから始めた。

運営開始から数カ月を経たころ、スタッフは「リゾート運営の達人」という言葉が頭に入り始めた。「ホテルを変えよう」という提案が少しずつ出るようになってきた。

裏磐梯猫魔ホテルの小林康雄総支配人は、星野社長の父の代から星野リゾートで働き、同社の改革を当初から知るベテランである。「経営ビジョンを浸透させてスタッフの気持ちのベクトルを合わせ、施設の魅力を高めていきたい」と決意を語る。

【未来への道のり】

「全社員研修」で経営ビジョンを確認

星野リゾートが運営する日本各地の旅館やホテルでは、毎年1回、星野社長が経営計画を説明する「全社員研修」を開催する。星野社長が戦略と実行の具体策を社員に直接伝える重要な場である。

全社員研修の日、その旅館やホテルは休業する。2009年11月、星野リゾートの本拠地、軽井沢で開催された全社員研修では、同地区にある旅館、ホテルをすべて休業し、約500人のスタッフが集まった。

社員を集めて経営計画を説明し、取り組んでほしいことを伝える星野社長

Future

星野社長はまず、それぞれの施設で働いている社員のユニークな表情を伝える写真をプロモーションビデオ風に流し、会場を和ませてから語り始める。その写真は自分で撮影したものだ。

会社の歩んできた道のりを伝える

「まず星野リゾートの歴史について話したい。ぜひ2つの数字を覚えてほしい。1つは創業した1904年。もう1つは私が星野リゾートの4代目であることだ」

星野リゾートの歩んできた道のりを伝え、これまでの会社のストーリーを社員と共有し、一体感を確認する。

続いて、具体的な経営戦略について語る。さまざまなプランを語る中で、ことあるごとに「リゾート運営の達人」という経営ビジョンが何度も繰り返し出る。

社員は経営ビジョンを知っている。だが、星野社長はどんなときも経営ビジョンに立ち返りながら語る。

施設の課題を語るときには、経営ビジョンの達成目標として定めている3つの数字、すなわち「顧客満足度」「経常利益率」「エコロジカルポイント」の達成状況を確認することから始める。

何度も経営ビジョンに立ち返って説明

日本の観光市場は変革前夜にある、と星野社長は考えている。供給する側はピーク時に8万軒あった旅館、ホテルは今や5万軒ほどに減っている。特に目立つのはリゾートを含めた地方旅館の落ち込みで、淘汰の時代に入っている。

ところが需要の側を考えると、今後、海外からのお客様、特にアジア圏からのお客様の増加が見込まれる。海外旅行に出かけている日本のお客様が国内旅行に戻ってくるポテンシャルもある。市場の成長性はあるにもかかわらず、観光業の競争相手は減っている状況にある。

「日本の観光はまだ勝ち組が不在の状況だ。これは流通業界でいえば、まだコンビニエン

ススト アもスーパーもない。駅前商店街だけの世界だ。ここから誰が勝つのか分からない。振り返ったとき、まさに変革前夜と言えるだろう」

星野社長は業界構造の変化を踏まえながら、3つの数値目標を達成するためのアプローチについて具体的に語る。「リゾート運営の達人」という経営ビジョンに何度も立ち返りながら説明する。

「企業の文化を維持することが最重要課題」

経営戦略を話し終えた星野社長は、これまで培ってきた企業文化の大切さを語る。ここでも改めて経営ビジョンも確認する。

「さまざまなプロジェクトが進行するが、星野リゾートの培ってきた文化を維持することは、最重要課題である。どの施設も全スタッフが集まって、月1回、数時間、電話もシャットアウトして議論する。リゾート運営の達人という経営ビジョンを達成するために、使命感を持って取り組もう」

【他分野への応用】

伊那食品工業の「年輪経営」

Example

星野社長が「日本のビジョナリー・カンパニーと言えるのではないか」と挙げるのが、寒天メーカーの伊那食品工業である。

長野県伊那市に本社を置く同社は、事業領域を寒天に絞り込んで強さを磨き、48期連続で増収増益を続けてきた。

同社には「いい会社をつくりましょう」という社是がある。この社是に基づいて、急成長を追わず、一歩ずつ着実に伸びる道を歩んでいる。成長のスピードは緩やかだが確かで、そのありようは「年輪経営」と評される。星野社長は「地域に対してさまざまな貢献活動を続けるなど、経営がユニークだ」と語る。

『ビジョナリー・カンパニー』は、米国企業を中心に18社を選び、設立以来の歴史やエピソードを踏まえながら、各社を多角的に分析している。取り上げている企業は、化学品メーカーのスリーエム、医薬品メーカーのジョンソン・エンド・ジョンソン、世界最大のスーパーマーケットチェーンのウォルマート・ストアーズなど。日本企業ではソニーが選ばれている。

「いますぐ基本理念を書き上げるべきだ」

著者のコリンズらは18社を競合企業と比較しながら分析し、ビジョンを持つことで実現した「強さ」を浮き彫りにする。

各社のビジョンに共通点はない。だが、どの会社も、基本理念を維持しながら進歩していく具体的な仕組みを持ち、「絶対にあきらめない」という点で似通っている。例えばウォルマートCEOのサム・ウォルトンについて、「人生の大部分を、ウォルマートという会社を築き、可能性を広げるという終わりのない目標を追求することに費やした」と説明されている。

中小企業に向けた記述もある。「基本理念を文章にしていなくても問題ない。しかし早ければ早いほどいい。（中略）いますぐ基本理念を書き上げるべきだ」

教科書のエッセンス

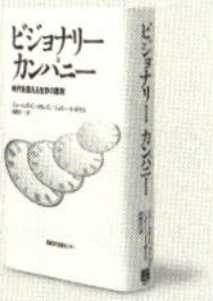

『ビジョナリー・カンパニー』

- ビジョナリー・カンパニーとは、時代を超え、
  際立った存在であり続ける企業である。
- ビジョナリー・カンパニーには、
  カリスマ的な経営者は不要である。
- ビジョナリー・カンパニーには、単なる金儲けを
  超えた基本的価値観と目的意識がある。
- 基本理念の中身として不可欠な要素はない。
  社員の指針となり、活力を与えることが重要である。
- 基本理念は時代や流行に左右されてはいけない。
  大切なのは、維持しながら進歩を促す点である。
- 基本理念を組織の隅々にまで
  浸透させることが重要である。

熱狂的ファンをつかむ コンセプトを作る

競争力向上のカギは「自分たちで決める」

企業が活力を高めるためには、
「社員の主体性」を引き出す必要がある。
そのカギは、仕事に対する共感や納得感である。

社員が共感するコンセプトを考える

星野リゾートは2009年12月、三重県鳥羽市のリゾート「タラサ志摩ホテル&リゾート」の運営をスタートした。

タラサ志摩ホテル&リゾートは、海水を使ったフランスの自然療法「タラソテラピー」などのスパ施設と約120室のホテルの複合施設である。星野リゾートにとって中京地区への初進出となった。

タラサ志摩は、運営企業などが何度か変わった末、星野リゾートが現在の所有会社から運営を引き受けた。

星野社長は施設を訪れ、約80人のスタッフに直接呼びかけた。

「タラサ志摩のコンセプトを皆さんで決めてほしい。コンセプト委員会を立ち上げるので、ぜひ参加してほしい」

星野リゾートは旅館、ホテルの運営を開始するときに、「コンセプト」を必ず明確に固める。それは、「どんな施設を目指していくのか」について、分かりやすい言葉で表現するものである。

コンセプトの策定作業は、その施設で働くスタッフが主役になる。コンセプト委員会のメンバーを立候補で集め、星野リゾート流のマーケティング調査のデータなどを分析しながら、施設の持つ特色や強みを見直す。スタッフは何度も議論を積み重ね、最終的にコンセプトとしてまとめる。

「スタッフが自分たちで考えてコンセプトを決めるからこそ、納得感があるし、共感できるようになる。それはスタッフが自分たちの力で施設を良くしようというモチベーションにつながる」。星野社長はこう考える。

その背景にあるのが、米国の経営学者、ケン・ブランチャードとシェルダン・ボウルズの共著『1分間顧客サービス』である。同書は自社の製品・サービスに対する熱狂的なファンを作るための方法を、分かりやすいストーリー形式で記している。

星野社長が参考にした教科書

『1分間顧客サービス』

著者：ケン・ブランチャード、シェルダン・ボウルズ
出版社：ダイヤモンド社
価格：1470円（税込み）

熱狂的なファンをつくる方法をストーリー形式で分かりやすく
解説する

【最初のステップ】

データを読みながら考え、課題を共有する

星野社長はタラサ志摩の運営について、「星野リゾートの案件で最難関の部類に入る」と直感していた。

美しい海岸に面し絶好のロケーションにあり、スパ施設に定評がある半面、旅館街から遠く離れ、施設内に温泉がない。スパ施設は都市にライバルが増えて競争が激化している。厳しい状況から再生を果たすには、それだけしっかりしたコンセプトが必要だ——。

「勉強会ではなく、コンセプトを作る会です」

星野社長の呼びかけに対して、コンセプト委員会に立候補したのは約40人。これは全スタッフの半分に当たる。年齢、役職、職場の偏りなく、多様なメンバーが手を上げた。星野社長は彼らの意欲を買い、希望者全員をメンバーに入れた。議論を効率化するために約

20人ずつ2グループに分け、タラソテラピーなどの「スパ部会」とそれ以外の「リゾート部会」を作った。

最初のコンセプト委員会では、メンバーが自己紹介を行った後、星野社長は委員会の意義について語った。

「この場は、学ぶだけでは不十分で、発想して提案することが大切だ。勉強会でなく、コンセプトを作る会だ。所属部署のためでなく、タラサ志摩全体としてどうすべきかを考えてほしい」。スタッフは緊張した。

データを分析する手法に慣れる

初会合には2つの目的がある。1つは星野

タラサ志摩のチャペルは、美しい伊勢志摩の海に面している

リゾート流の会議に慣れることである。

例えば、星野リゾートはコンセプトを作るとき、さまざまなマーケティングデータを分析する。が、タラサ志摩ではほとんどのスタッフにこうした経験がない。

そこで星野リゾートのマーケティング担当者はまず、日本の観光・旅行市場に関するデータをクイズ形式で出題した。スタッフは戸惑うが、クイズに答えているうちに雰囲気に慣れてきた。

「もう一度行ってみたい旅館やホテルはどこですか」

次いで、マーケティング担当者は「これまで行ったことのある旅館やホテルで、もう一度行ってみたいのはどこですか」と問いかけた。スタッフは思い思いに施設の名前を口にし、その理由を自分の思い出とともに説明した。

場の空気が和んできたところで、マーケティング担当者は「三重県の観光市場」「何を求めて旅行するのかについてのアンケート」「タラサ志摩の顧客満足度調査の速報値」などのデータを分かりやすく説明した。スタッフは説明を聞きながら、自分たちが働いている施設の現状を客観的に理解するやり方に少しずつ慣れていった。

スタッフには自分の意見を出すことにも慣れてもらう。星野リゾートは「言いたいときに、言いたいことを、言いたい人に言う」ことを重視し、相手が社長でも遠慮せずに発言し、議論を深める（182ページ参照）。星野社長も気づいたことをスタッフに語り、分からないことがあればスタッフに尋ねる。

初めは遠慮がちに話す人が多かったが、少しずつ慣れていった。星野社長はスタッフの話を聞きながら、そのポイントをパソコンのキーボードを叩いてメモした。

初会合のもう1つの目的は、問題意識を共

コンセプト委員会では、参加メンバーが役職、年齢、職種を超えて、目指すべき施設像について議論していく

有することである。担当者の説明が一通り終わると、星野社長は自分でメモしたことをプロジェクターで示しながら、スタッフと相談し、委員会で議論すべき課題を整理した。

こうして最初のコンセプト委員会では、予約、サービスメニュー、食事、家族市場、周遊市場など10テーマを決め、メンバーの希望を募りながら、4、5人ずつ担当者を決めた。最後にテーマごとに次回までに調べる「宿題」を設定し、約4時間で会議を終えた。

メンバーからは「初めてのことばかりだがすごく分かりやすいし、面白かった」「どんどん参加したい気持ちになった」と前向きな声が上がった。

【次のステップ】

議論を深め、具体的に考える

2nd Step

スタッフへの「宿題」は市場規模やライバル動向の調査、課題の整理などである。2回目の委員会までの1カ月間、メンバーは担当するテーマごとに10回以上集まり、鎌田洋総支配人に相談しながら、インターネットを活用して必要なデータを集めた。星野リゾートの他施設のスタッフにも助言を受けた。会合の前日はほとんどのメンバーが徹夜で準備をして委員会に臨んだ。

大事なのは「アイデア」より「気づき」

2回目の会合の目的は、スタッフがゼロベースでタラサ志摩を見つめ直し、「これから自分たちがどうなりたいのか」について、手がかりをつかむことだった。

まずスタッフが「宿題」に対する研究の成果をテーマごとに発表した。パソコンとプロジェクターを使いながら20分間かけて説明し、質疑応答をした。

星野社長は発表を聞きながら、次々に質問を投げかけた。

「現場の実感として、今の発表をどう感じるか」「担当者として、反論はあるか」「どうとらえたらいいのか」…。尋ねた中身はさまざままである。

スタッフの中には緊張している人もいたが、初回に比べて積極的に語る人が増えた。初会合で学んだクイズ形式を取り入れたり、最新のトピックを受けた発表もあり、盛り上がる場面も出てきた。自然とスタッフからさまざまな意見やアイデアが出た。

星野社長がこのときに意識するのは、「スタッフの気づき」である。「大事なのはアイデア自体ではない。出てきたアイデアの中から、このアイデアが好きだ、共感できると気づいてもらうことだ」。

この日の会議は8時間に及んだ。スタッフの表情には疲れよりも満足感があった。

「海エナジーをチャージする」に決定

タラサ志摩のコンセプト委員会は2カ月に及び、スタッフは情報収集、分析、発想を繰り返した。そして2010年3月末、結論に至った。「海エナジーをチャージする」。これがタラサ志摩のコンセプトである。

ターゲットは2つ。スパ市場とファミリー市場である。

スパ市場については、タラソセラピーの代表的施設として魅力的なスパに進化させる。その内容をよく分かっていない顧客を選ぶのではなく、タラソセラピーを2時間のコースメニューとして作り込み、期待される効能を明確にすることで顧客の満足度を高めていく。同時にスパの食事、部屋での過ごし方を含め、滞在型スパとしての魅力とポジションを明確にする。

ファミリー市場については、家族旅行に対して積極的なサー ビスを展開する。プールの解放、ビーチプログラムの充実、家族向けの食の提供、家族向けの客室レイアウトの整備などを実行する。

タラサ志摩には、海というロケーションの圧倒的な魅力がある。スパにおいても、家族旅行においても、食においても、海のエネルギーで旅行者に活力を与えるということをテーマにする。

タラサ志摩は、全客室が海に面したオーシャンビュー

【注意事項】

目指す姿に合わせてサービスを選ぶ

Attention

星野社長がコンセプト作りの参考にしたブランチャードの理論は、どんな製品・サービスを目指していくのかは、提供する側が自分たちで明確に決めるべきだと強調している。そのうえで、お客様の声に耳を傾け、工夫を重ねるべきだと説く。

スタッフは「なりたい姿」に近づこうとする

星野社長はブランチャードの理論を１９９０年代初頭に知り、強く共感した。「この理論はリゾート施設にも生かせる」と感じた。

「スタッフにコンセプトを考えてもらえば、そのコンセプトへの共感度は高くなる。スタッフは自分たちがなりたいと思う姿に近づこうとする。だから会社のパフォーマンスも上がる」

この考えは当たった。共感度の高いコンセプトは、星野リゾートが競争力を高める原動力になっている。

例えば、リゾナーレ（山梨県）は「大人のためのファミリーリゾート」、青森屋（青森県）は「のれそれ青森」というコンセプトに合わせて、スタッフはサービス向上策を自分たちで考え、自分たちで実行した。

星野社長は「会社の向かう方向を決めるのは経営者の役割」と考え、「リゾート運営の達人」という会社のビジョンを自分が主導して考えた（148ページ参照）。一方、施設のコンセプト作りでは社員の主体性を重視している。

fig. 10 ● **共感できるコンセプトで社員のパワーのベクトルを揃える**

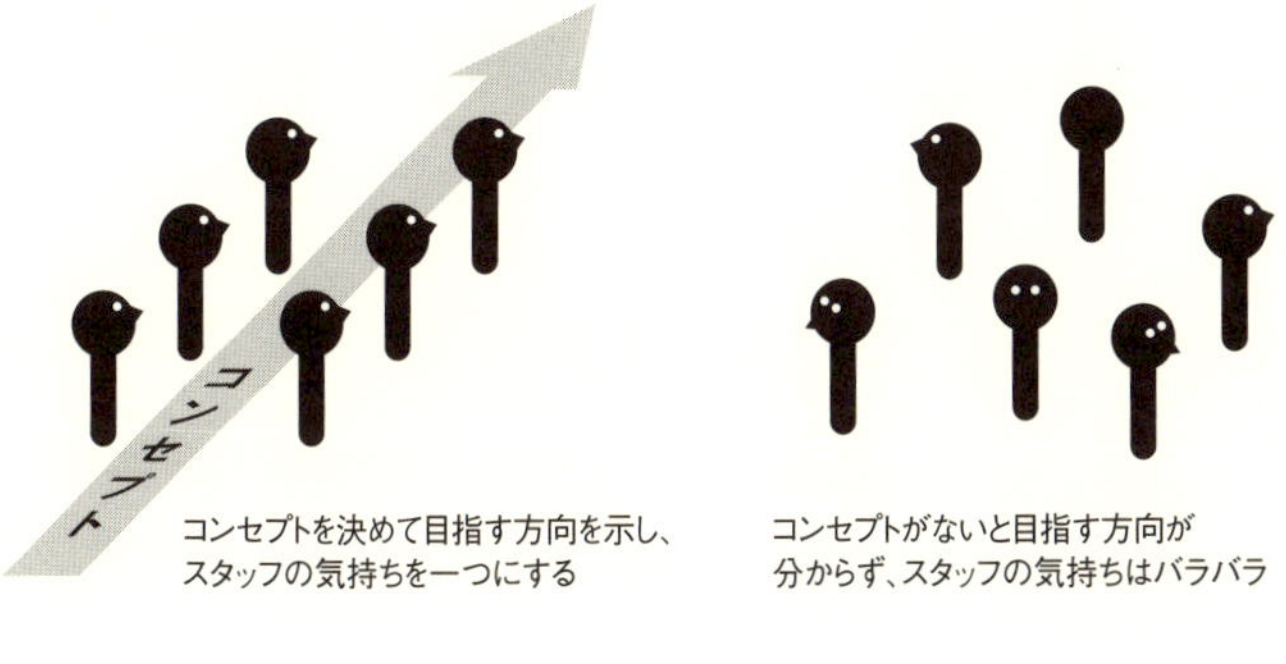
コンセプト
コンセプトを決めて目指す方向を示し、
スタッフの気持ちを一つにする
コンセプトがないと目指す方向が
分からず、スタッフの気持ちはバラバラ

すべてのお客様を満足させようとするとコストが膨らむ

ブランチャードの理論がユニークなのは、お客様の要求が自分たちの目指している製品・サービスと合致しない場合、「要求を無視するべきだ」と断言している点である。

旅館・ホテルはすべてのお客様を満足させようとするあまり、サービスを増やし過ぎることが少なくない。これはコスト増を招き、経営を圧迫する。

「ターゲットが絞られていないと、どのお客様にとっても不満はないが、感動もない施設になってしまう。共感度の高いコンセプトがあれば、スタッフにとって分かりやすい判断基準になる。どのサービスが必要で、どのサービスを切り捨てるべきか、すぐに分かる」。星野社長はこう強調する。

教科書のエッセンス

『1分間顧客サービス』

- 顧客をつかむには、満足させるのでは不十分で、
  熱狂的なファンを作る必要がある。
- そのためには自分たちが目指す
  製品・サービスの中身を自分たちで決める。
- お客様の声を受け止め、サービスを高めていく。
- お客様の要求が自分たちの目指す
  製品・サービスと合わない場合、その要求を無視する。
- 1%ずつでもいいので、目指す目標に向かって
  一貫性を持って進み続ける。

Leadership of Hoshino Resort | #03

社員が持つパワーを引き出して業績回復

「任せる」から、社員は自分で考えて動く

江戸期創業の名門旅館の黒字化を20代のスタッフらが実現した。
渋沢栄一ゆかりの旅館ではスタッフが変身し、再生を果たした。
「人が本来持つパワー」を引き出すことで、社員が動き出した。

言いたいことを言いたいときに言いたい人に言う

星野リゾートでは、社員のやる気を引き出すために、経営データを開示し、仕事を任せる。スタッフが自らの判断で行動するように求め、社員の自由な発言を大切にし、「誰が言ったか」でなく、「何を言ったか」を重視する。

石川県加賀市の山代温泉にある「白銀屋」は、江戸時代創業の和風旅館である。客室数は23室と小規模なこの老舗は温泉街の中心地にあり、北大路魯山人ゆかりの宿として知られる。バブル崩壊による業績悪化で赤字に転落した後、外資系金融機関の子会社が所有権を取得し、星野リゾートが2005年から運営を手がける。

約380年の歴史を持つ白銀屋の責任者は、29歳の保園英治総支配人である。約20人いるスタッフも20代が中心だ。再生に向けた改装による休業で旧経営時のスタッフの多くは去った。若い総支配人とスタッフは議論を重ねながら、サービスの中身を自分たちで決めて実行している。業務効率を高めながら老舗の新しい魅力を引き出し、白銀屋は黒字に転換し、長期的な低迷が続く温泉街で業績を伸ばす。

青森県三沢市の「古牧温泉 青森屋」も経営破綻後、外資系金融機関の子会社が所有権を持ち、星野リゾートが運営を手がける。渋沢栄一の書生を務めた人物が創業し、広大な敷地内に3つの旅館や庭園などがある大規模な旅館である。

青森屋で働くスタッフ約270人のうち8割は旧経営時代から勤務する。05年の再生開始から責任者を務める佐藤大介総支配人は「上から言われるまま」だったスタッフを「自分で動く」ように変身させ、顧客満足度を引き上げ、売上高を伸ばしている。08年秋から大不況に突入した後も、毎月の宿泊者数は前年に比べて約2割伸びた。

現場のスタッフに権限を委譲し、仕事を任せる星野リゾート流の経営の背景には、米国の経営学者、ケン・ブランチャードの「エンパワーメント」理論がある。人が本来持つ知識や意欲などのパワーを引き出すことである。

星野社長が参考にした教科書

『1分間エンパワーメント』

著者：ケン・ブランチャード、J・P・カルロス、A・ランドルフ
出版社：ダイヤモンド社

エンパワーメントによって組織を再生する方法をストーリー仕立てで示す

【抱えていた課題】

社員が定着しなければ改革は挫折する

星野社長が父から経営を引き継いだとき、星野リゾートの業績は安定していた。しかし、将来に対して危機感を抱かざるを得ない状況にあった。

当時はバブル経済のピークで、リゾート法の施行によって、日本各地で新しい施設が次々と登場した。外資系リゾート会社の日本進出も始まろうとしていた。経営環境の劇的な変化が予想されるのに、会社の体質は古いままだった。

星野社長は事業のあり方を全面的に見直すことにした。顧客満足度調査に基づく数値管理を導入するなど次々に改革を進めた。

改革は少しずつ成果を上げたが、同時に大きな問題が浮上した。社員が1人また1人と退職し始めたのである。スタッフが定着しなければ、しっかりしたサービスを提供できないため、顧客満足度は上がらず、売上高も伸ばせない。

星野リゾートは当時、軽井沢のローカル企業であり、全国的に見れば知名度は低かった。

このため、新たに社員を募集しても思うように人が集まらなかった。星野社リゾートは退職者の増加による人材難という大きな課題に直面した。

何とか退職を思いとどまらせようと、星野社長は「辞めたい」と申し出た社員と徹底的に話し合った。「辞めないでほしい」と説得したが、なかなか社員の気持ちを変えることはできなかった。

話し合いを通じて、星野社長は重大なことに気づいた。社員が辞める理由の大半は「組織に対する不満」であることだった。トップダウンで改革を進めてきたが、社員は命じられて動くことに疲れていた。社員は不満を募らせていたが、自分の意見を主張する場がなかった。

問題の解決には、社員との関係を徹底的に見直す必要があった。

「自分の判断で行動してもらうことで、社員のやる気を高めよう。言いたいことを言いたいときに言いたい人に言えるようにしよう。そしてどんどん仕事を任せよう」

星野社長はトップダウンですべてを決めることをやめた。そして、エンパワーメントに舵を切った。このときヒントにしたのが、ブランチャードの理論である。

【解決への取り組み】

議論して、任せて、組織をフラットにした

ブランチャードの『1分間エンパワーメント』は、ストーリー仕立てで、社員の能力を生かしながら組織を再生する手順を具体的に説いている。

星野社長は同書に感銘を受け、ブランチャードが提唱するステップに沿いながら、自由な発言を奨励することで議論を活発にし、社員が働く気持ちを高めた。仕事の目的、目標などを明確にし、仕事をどんどん任せた。役職にかかわらず、自由で対等に意見交換ができるフラットな組織づくりを進めた。

ベテラン社員も巻き込んだ

社員は次第に自分で考えて動くようになった。すると「辞めたい」と言う社員は減少し、サービスの質が安定し、顧客満足度の上昇と業績の向上に結びついた。

「大切なのはブランチャードの提唱するステップ通りに実行すること。自分の都合のよい個所や、すぐにできそうな部分だけを抜き出して取り入れようとしてもうまくいかない」。星野社長はこう振り返る。

他社からリゾート運営を引き受けるようになると、そのときにも必ずエンパワーメントを取り入れた。

山代温泉にある白銀屋の再生は、星野リゾートで育った若いスタッフが中心になった。すぐに自由な議論が定着し、1人が何役もこなす星野リゾート流の手法もスムーズに導入できた。

旧経営時からいるベテランも巻き込んだ。

創業380年の白銀屋を20代の総支配人ら若いスタッフが活気づける

経理一筋だった中谷外美代氏は生け花の管理や調理なども手がけ、中道謙蔵氏は温泉施設の管理と同時に客室清掃に取り組み始めた。

白銀屋は黒字に転じ、作業効率を示す星野リゾートの独自指標「業務効率」は全旅館でトップクラスとなった。最初はスタッフの1人として赴任し、責任者になった保園総支配人は「現場目線を意識して皆と一緒に考えている」と語る。

「困難な時期」は覚悟を決めて乗り切る

青森屋は白銀屋と違い、旧経営時代からのスタッフが多く残っていた。佐藤総支配人はスタッフに自由に語ってもらうことから始めたが、「言われたままに動く」ことに慣れたスタッフは身を固くして沈黙した。

ブランチャードは著書の中で、エンパワーメントを実現する過程で「困難な時期」が訪れることも指摘し、乗り越えるポイントとして「切り抜ける覚悟を固めておく」と指南している。だから星野社長は慌てず、佐藤総支配人の行動を見守った。

佐藤総支配人はスタッフが自分の考えを伝えてくれたとき、その中身をひとまず脇に置いて考えたこと自体を褒め、スタッフの気持ちを変えようとした。同時に、会議では星野社長に向かって率先して自分の意見を主張し続けた。そんな姿を見るうちに、スタッフは変わり始めた。

熊野芳武総料理長は「正直言えば、最初は『発言しろというから言う』だけだった。だが、いつの間にか総支配人に対して『そんなのおかしい』と本気で言うようになった」と語る。

とび職から転じて青森屋に入った久保田幹哉氏は「顧客満足度の調査データを見ながら、サービスのより良い方向を自分たちで探るので、やりがいがある。昔の友達からは『おまえ、頭良くなったな』と言われる」と笑う。

*fig.*11 ●「上からの指示」ではなく「自分たちで動く」を徹底する

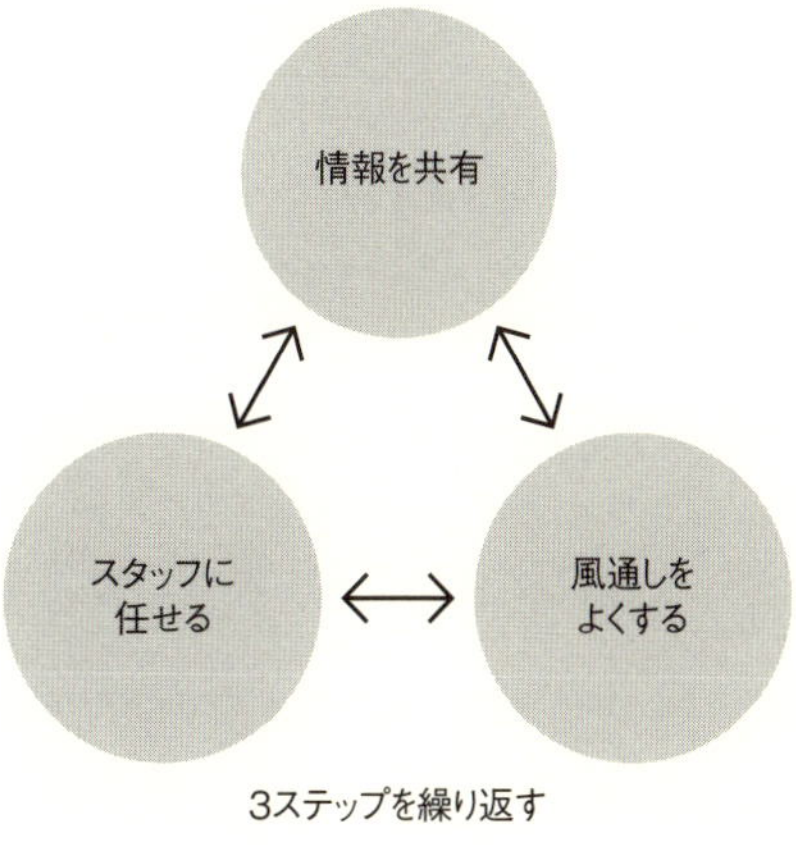

青森屋のレストラン「みちのく祭りや」。スタッフはサービス向上に知恵を絞る

【他分野への応用】

パナソニックで中村改革の原動力に

Example

エンパワーメントを徹底的に取り入れているのが、世界中で高級ホテルを展開するザ・リッツ・カールトンである。

同社のスタッフはお客様に対するサービスのために、必要に応じて1人当たり1日2000ドルまでを自由に使うことができるという。他部署の仕事を手伝うときには、自分の通常業務から離れてもよいルールも設けている。

スタッフが自分で考えて動くことのできる体制をつくることで、同社はサービスの質を高め、他の高級ホテルと差別化を図ることに成功している。その結果、顧客満足度を上げてリピーターを増やし、業績を伸ばした。

エンパワーメントに力を入れているのはサービス業だけではない。製造業でも大きな成果を上げる企業が少なくない。

代表的な成功例として知られるのがパナソニックである。同社は90年代後半、組織が肥大化したことによる弊害がさまざまな面に出ていた。その結果、製品の競争力が低下しつつあった。

2000年に就任した中村邦夫社長は強い危機感を持った。負の連鎖を断ち切るために、大胆な企業改革をスタートさせた。そのときに合言葉になったのが「エンパワーメント」である。

中村社長はハイペースで組織の簡素化を進めると同時に、やる気のある社員に対して積極的に仕事を任せる体制をつくった。その結果、企業風土の改革が進み、同社は再び業績を伸ばすための足がかりをつかんだ。

星野リゾートはすべての旅館・ホテルでエンパワーメントを徹底している。会議の場では、若い社員が星野社長に向かって積極的に発言している姿が目につく。星野社長は社員と自由に議論し、何をすべきかを決している。

教科書のエッセンス

『1分間エンパワーメント』

- エンパワーメントとは、人が本来持つパワーを引き出すことである。
- 社員のパワーを引き出して、1人ひとりのやる気を高めることで、業績向上につなげる。
- 社員のエンパワーメントには3つのステップを繰り返す。

  ①仕事に必要な情報を提供し、責任を持って働く気持ちにする
  ②仕事の目的、目標などを明確にし、自分で管理する領域を作る
  ③階層化した組織をやめ、自分たちで統率するチームに変える

- エンパワーメントの実現には困難な時期が来ることもある。
  困難を切り抜ける覚悟を固めておく。

会社に残すべきは経営者の姿勢

堂々とした生き方を見せる

経営者は会社にお金も事業も残せないことがある。
しかし、経営者としての姿勢は残すことができる。
堂々とした生き方を示すことが「最大の遺産」になる。

自分たちがやるべきことをやっていく

2009年12月、星野リゾートは「星のや京都」を開業した。富裕層向けの高級旅館である。「星のや」のブランドを冠した旅館は、同社発祥の地である軽井沢に次ぐ2カ所目となる。

社員の頑張りを応援する

星のや京都の開業前日。星野社長はそこで働く社員約40人を京都市内の飲食店に集めて、「決起集会」を開いた。

「これから厳しい声を聞くことがあるかもしれない。それでも自分たちを信じていこう」。星野社長は社員たちと酒を酌み交わしながら、そう励ました。

決起集会の最後に、星野社長は、自分で用意した八坂神社のお守りを1人ひとりに手渡し、握手を交わした。社員は笑顔で決意を新たにした。

お守りの袋の中には、星野社長が密かに用意した和紙のカードが入っていた。「健康安全祈願、星のや京都開業」。前日の夜、星野社長はカードにこう手書きしていた。「社員はここまで本当によく頑張ってきた。その頑張りをとにかく応援したい」。そんな気持ちを込めた。

日本旅館の良さと世界の高級リゾートの発想

星のや京都は星野社長が培ってきたやり方が踏襲されている。旅館経営に必要なことをしっかりと積み重ねてきた。どんなお客様に来ていただくのか、どんな施設をつくるのか、どんなサービスを提供するのか…。コンセプトを決め、スタッフはトレーニングと準備を重ねた。

星のや京都のコンセプトは「水辺の私邸」である。私邸としてのプライベート感と、京都の洗練された文化を享受できる空間を組み合わせている。

星のや京都は風光明媚な嵐山の一角、大堰川をさかのぼった川沿いに建つ。お客様は嵐山の渡月橋付近から専用の船に乗り、川を約15分さかのぼり到着する。25ある客室はすべて和室だ。豪華なメゾネット形式の客室、女性のお客様の一人旅に合った客室などさまざまなタイプがある。

サービスは日本旅館の良さを残しながら、世界の高級リゾートの発想を取り入れている。24時間ルームサービスを提供し、夕食は対岸の高級料亭「京都嵐山吉兆」など旅館外の店にも案内する。

1泊1室の宿泊代は平均すると約7万円台と京都の旅館でトップクラス。ターゲットは国内の富裕層と海外からのお客様だ。


星野社長は確信を持って経営に臨むために、事あるごとに読み返してきた文章がある。約80年前、祖父がキリスト教伝道者の内村鑑三から贈られた「成功の秘訣」(次ページ参照)である。

この「成功の秘訣」は、原稿用紙1枚分と短いが、事業を成功させるための心構えを分かりやすく説いている。人生の目的や経営者としての基本姿勢などが凝縮されている。

星野社長はこの文章に加えて、内村の著書を何度も読み、自らの経営姿勢を見つめ直している。

No. 1.

大正十五年七月二十八日、星野温泉若主人の為に草す

成功の秘訣

六十六翁　内村鑑三

一、自己に頼るべし、他人に頼るべからず。

一、本を固うすべし、然らば事業は自《おの》づから発展すべし。

一、急ぐべからず。自働車の如きも成るべく徐行すべし。

一、成功本位の米國主義に倣ふべからず、誠實本位の日本主義に則るべし。

一、濫費は罪悪なりと知るべし。

10×20

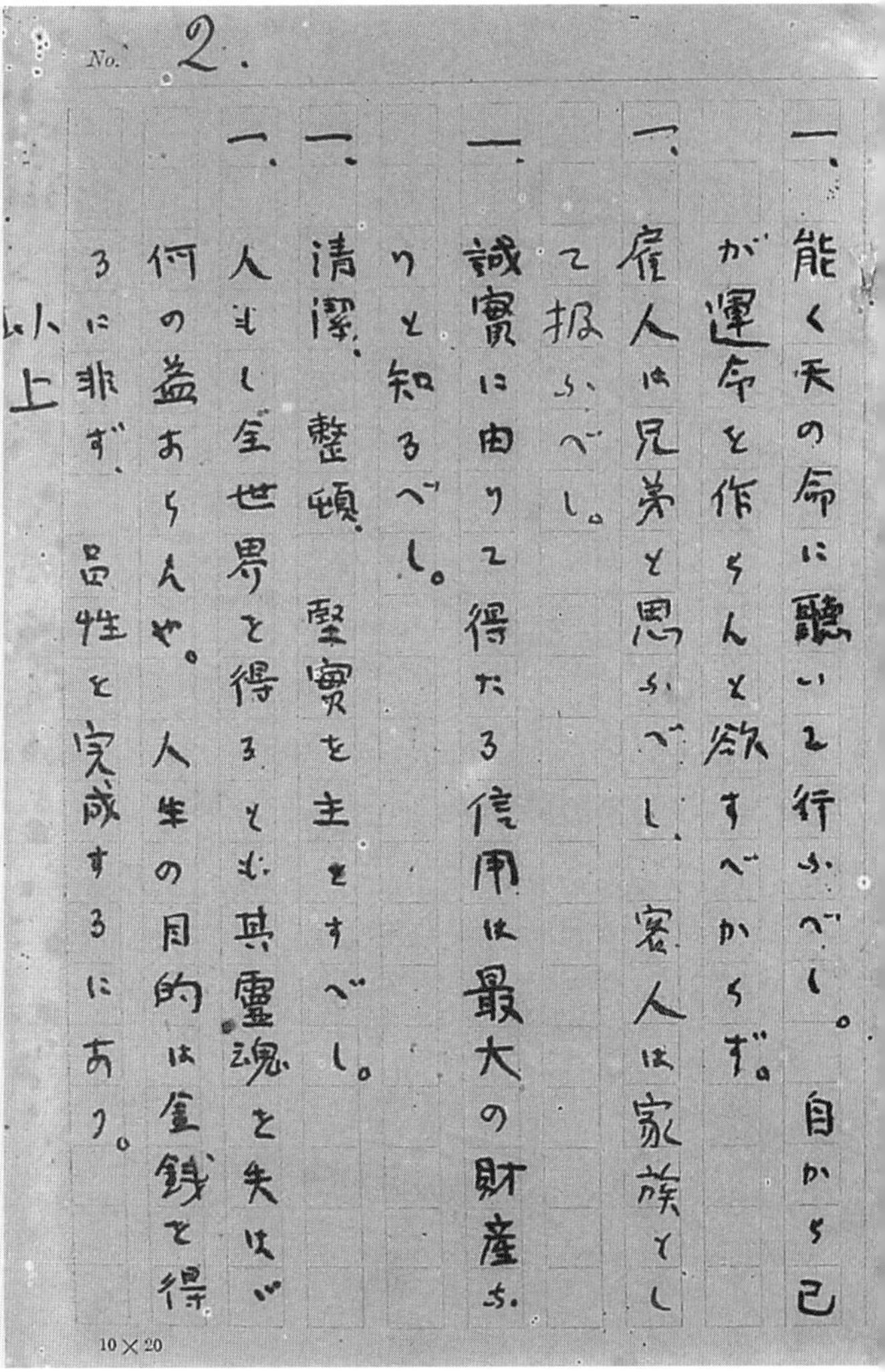
No. 2.

一、能く天の命に聴いて行ふべし。自から己が運命を作らんと欲すべからず。

一、雇人は兄弟と思ふべし。客人は家族として扱ふべし。

一、誠實に由りて得たる信用は最大の財産なりと知るべし。

一、清潔。整頓。堅實を主とすべし。

一、人もし全世界を得るとも其霊魂を失はば何の益あらんや。人生の目的は金銭を得るに非ず。品性を完成するにあり。

以上

10×20

『成功の秘訣』

星野リゾートとゆかりが深い内村鑑三は、星野社長の祖父のために数々の教えを残した。それは星野社長に受け継がれている。「成功の秘訣」のほか、内村が残した書や手紙などは、軽井沢にある「石の教会内村鑑三記念堂」で展示されている

大正十五年七月二十八日、星野温泉若主人の為に草す

成功の秘訣　六十六翁　内村鑑三

一、自己に頼るべし、他人に頼るべからず。

一、本を固うすべし、然らば事業は自づから発展すべし。

一、急ぐべからず、自働車の如きも成るべく徐行すべし。

一、成功本位の米国主義に倣ふべからず。誠実本位の日本主義に則るべし。

一、濫費は罪悪なりと知るべし。

一、能く天の命に聴いて行ふべし。自から己が運命を作らんと欲すべからず。

一、雇人は兄弟と思ふべし。客人は家族として扱ふべし。

一、誠実に由りて得たる信用は最大の財産なりと知るべし。

一、清潔、整頓、堅実を主とすべし。

一、人もし全世界を得るとも其霊魂を失はば何の益あらんや。人生の目的は金銭を得るに非ず。品性を完成するにあり。

以上

星野社長が参考にした教科書

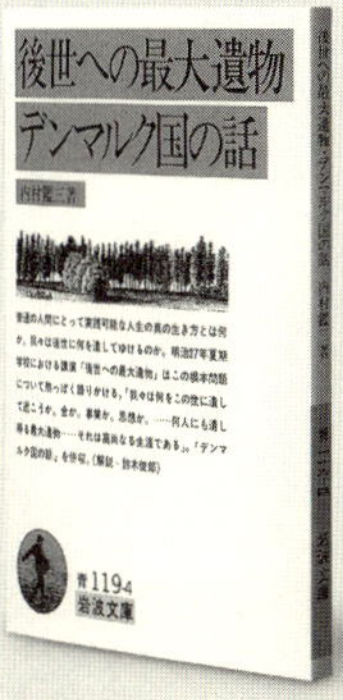

**『後世への最大遺物
デンマルク国の話』**

著者：内村鑑三
出版社：岩波文庫
価格：525円（税込み）

「人生で何を残すべきか」を説く。内村の講演の書き起こし

『代表的日本人』

著者：内村鑑三
出版社：岩波文庫
価格：630円（税込み）

西郷隆盛、上杉鷹山ら5人の評伝。すぐれた日本人のあり方を海外に伝えた

【受け継いでいくこと】

「祖父の先生」が「自分の先生」に

星野社長は、自らの経営姿勢が正しい方向にあるかどうかを確かめるために、内村の言葉やメッセージを何度も繰り返し読んできた。

内村は明治から昭和初期にかけて活躍した知識人で、人の生き方を真摯に探求した人物である。キリスト教伝道者という立場を超えて活動し、その魅力は広く伝えられている。京セラの稲盛和夫名誉会長ら内村の著書に感銘を受けた経営者は少なくない。

内村は軽井沢を愛し、星野リゾートとゆかりが深い。晩年には、夏になると軽井沢を訪れ、星野温泉旅館（星野リゾートの前身）が建てた別荘に滞在し、自然の中で読書にふける日々を送った。星野温泉で湯につかり、敷地内にある建物で聖書の研究会や講演会を開いた。その建物はやがて軽井沢高原教会になった。

若き経営者へのメッセージ

星野社長の祖父で2代目社長だった嘉助は、十代で旅館の若主人として働き始めたころ、内村と出会った。2人の交流は内村が亡くなるまで約10年間続いた。嘉助は内村からさまざまな教えを受けた

あるとき嘉助は内村をT型フォードの自動車に乗せた。嘉助は運転免許を取ったばかりで、ハンドルさばきが荒かった。驚いた内村は嘉助に対して、経営者として忘れてはならない心構えを書いて渡した。これが前出の「成功の秘訣」である。文書の中に「急ぐべからず、自働車の如きも成るべく徐行すべし」とあるのは、こうした経緯があるからだ。

「成功の秘訣」は10カ条で構成される。「他人に頼らない」「本業を大切にする」「質素倹約に努める」「誠実な態度で事業に臨む」「清潔、整頓、堅実にする」など、事業で成功するために経営者に求められる心構えが分かりやすい表現で書かれている。

「成功の秘訣」の原文は星野リゾートが保管し、軽井沢にある石の教会内村鑑三記念堂で展示している。内村鑑三記念堂には、このほかにも内村の書や手紙などが展示されている。

軽井沢にある星野リゾートの施設には内村ゆかりの品や場所がいくつもあり、内村の生

き方に深く共感する人たちが今も時々訪れる。そんなとき、星野社長は「成功の秘訣」のコピーを渡している。

改革に取り組み始めて大切さに気づく

星野社長は幼いころから、内村のさまざまなエピソードを祖父から聞かされて育った。だが、社長になるまでは、内村はあくまで「祖父にとっての先生」だった。「成功の秘訣」や自宅にあった内村の著書を読んでいたが、「正直言って、ピンとこなかった。自分とは関係がないと思っていた」。

内村のメッセージを自分のこととして受け止められるようになったのは、東京での学生生活や留学、海外での勤務経験などを経て軽井沢に戻り、1991年に星野リゾートの経営を引き継いでからだ。

星野社長は星野リゾートのトップとして、軽井沢高原教会の礼拝に出席するようになった。教会を訪れている人の中には、内村と直接交流があった人や、教えを受けた人が少なくなかった。

こうした人と話すうちに、内村に対する見方は変わった。「祖父の先生」というだけの存在でなく、自分にも身近な人物に思えてきたのである。

当時、星野社長は会社の経営改革を始めたところだった。だが、なかなか思い通りに進まず、経営者として苦闘が続いていた。そんな中で、「成功の秘訣」をいつしか読み返すようになった。

「よく読めば、ここには本当にいいことが書いてあるんだな。そう思うようになった。内村先生の考え方は、自分の価値観に合っているとも感じた」

経営者が一番大事にすべきことは何か?

「成功の秘訣」には、「人もし全世界を得るとも其霊魂を失はば何の益あらんや。人生の目的は金銭を得るに非ず。品性を完成するにあり」という言葉がある。

経営者にとって、事業を伸ばし、収益力を高めるのは、もちろん大切な役割である。だが、経営者が一番大切にしなければいけないのは、お金でない。それは品性である——。星野社長は内村の考えに強く共感した。

星野社長は内村の著作を次々に読み返した。特に心に残ったのは、『後世への最大遺物』である。同書では、経営を超えたさらに広い観点から、人生を通じて何を残すべきなのかについて論じている。

お金や事業、思想を残すことは確かに素晴らしいが、誰もができるわけではない。これに対して、誰にでも残せるものがある。それは「勇ましい高尚なる生涯」だと内村は強調する。

「弱い者を助ける」「困難に打ち勝つ」「品性を修練する」など、堂々とした生き方を説く内村のメッセージは、星野社長の心に響いた。そして考えた。

「自分は星野リゾートの経営者として、会社

星のや京都は、伝統的な日本旅館に、モダンなデザインと利便性の高いサービスを加えた

に何を残せるのだろうか」

「この会社で過ごせてよかった」と思ってもらえるようになりたい

どんな経営者もいつか会社を去る日がやってくる。会社を次の世代に引き継ぐとき、潤沢な資金力、素晴らしい事業モデル、魅力的な組織文化がそろっていれば、理想的かもしれない。

しかし、これらを残すには、経営者として成功することが必須である。成功を目指して全力を尽くしても、経営者にはさまざまな条件が絡み合い、そこには運の要素も含まれている。誰もが事業を成功させ、後継者に対して多くのものを残せるわけではない。

そんな中で自分が確実に残せるのは何か。星野社長は答えを探した。そして気づいた。社員やその家族に対して、堂々とした姿勢を残せばいい――。

「星野リゾートの社員は、人生の大切な時間をこの会社で過ごし、そしていつか会社を去っていく。そのときに『星野リゾートで過ごせてよかった、あの職場はとても幸せだった』と思ってもらえるようにしたい」。これが星野社長の思いである。

星のや京都は、全客室が川の流れに面している。客室からは四季折々の風景を楽しめる

Another book

【考え続けていくこと】

自分のアイデンティティーを世界に知ってもらう

内村のさまざまな著作の中で、星野社長が愛読している本がもう1冊ある。それが『代表的日本人』である。同書は日本史の中から、西郷隆盛、上杉鷹山、二宮尊徳、中江藤樹、日蓮上人という5人の人物を選び、評伝形式で記している。

登場する5人は、活躍した時代や活動の内容が異なる。しかし、誠実な生き方を貫き、何があってもぶれない姿勢を保ったという点では共通している。そして、いずれもストイックな人物である。

星野社長は「5人を通して日本人の気質を知ることは有益だと感じている。著者の内村先生自身も非常にストイックな人物だった」と語る。

内村は同書を英語で書いている。日本の文化や考え方を海外に積極的に知らせようと考えたからである。同書のまえがきには、「わが国民の持つ長所――私どもにありがちな無批判な忠誠心や血なまぐさい愛国心とは別のもの――を外の世界に知らせる」と記されている。

「自分のアイデンティティーを世界に対してどう知ってもらうかを考えるとき、同書には参考になるところがたくさんあると思う」

こう感じている星野社長は、今でも内村の言葉や著書を読み返す。内村のメッセージをかみしめることで、経営者としてのあり方を見つめ直す。

「内村先生の言葉を何度も読んでいくうちに、だんだんとその本当の意味が分かってきたと思う。内村先生の考え方は、自分にとって重要な価値観になっている」

1925年ころの星野温泉旅館。内村鑑三は晩年、夏に訪れ、星野社長の祖父に多くを教えた

教科書のエッセンス

『後世への最大遺物 デンマルク国の話』

- 後の世代に何を残すのかについて、
しっかり考えておく必要がある。
- お金、事業、思想を残すのは重要だが、
うまくいかないこともある。
- 「勇ましい高尚なる生涯」を残すことは
誰にでもできる。
- それは弱い者を助け、
品性を修練する堂々とした生き方である。
- こうした生き方こそが
後の世代に伝える最大要素である。

『代表的日本人』

- 日本人が持つ長所を
日本を知らない外国人に幅広く伝える

新しいことをするとき必ず読み返す

『やまぼうし』
著者：星野嘉助
私家版

星野社長の祖父で、星野リゾートの2代目社長の嘉助が、会社の歩んできた道のりや軽井沢の文化人たちとの交流を記した。「今があるのはここまでの歴史があるから。だから、その延長線上に星野リゾートを作っていく」

社員を重視する大切さを知る

『エクセレント・カンパニー』
著者：トム・ピーターズ、ロバート・ウォーターマン
出版社：英治出版
価格：2310円（税込み）

超優良企業を「行動の重視」「顧客に密着」など8つの切り口から語る

歴史から地域の魅力を掘り起こす

『口語訳「古事記」完全版』
訳・注釈：三浦佑之
出版社：文藝春秋
価格：3500円（税込み）

『古事記』の世界を分かりやすい表現で記す。地名解説なども充実している

星野社長が参考にしたリーダーシップの教科書

心のマネジメント

『Personnel』

著者：Robert L. Mathis,
John H.Jackson
出版社：West Publishing Company

星野社長の米国留学中の教科書で、人事問題を幅広く扱う

スケールの大きさ、哲学に共鳴

『イノベーターの条件』

著者：ピーター・F・ドラッカー
出版社：ダイヤモンド社
価格：1890円（税込み）

「はじめて読むドラッカー」３部作の１つで、「社会の絆」を大きなスケールで語る

何度読んでも新しい発見

『柔らかい心で生きる』

著者：矢代静一
出版社：海竜社

劇作家の著者によるエッセイ集。「心を励ます出会い」などをエピソードとともに語る

第V部

教科書通りに人を鍛える

——「未経験者歓迎」で成長できる理由

Training of Hoshino Resort

星野リゾートが運営する旅館・ホテルは、北海道から四国まで全国に広がってきた。沖縄には統合予約センターもある。

どの施設でも、教科書的なロジカルな考え方がスタッフに息づいている。特に、総支配人ら幹部社員への浸透度は高い。

旅館で働いたことがない社員をいきなり総支配人に抜擢

星野リゾートは2009年12月、星のや京都を開業した。「星のや」のブランドを冠した旅館は、軽井沢に続く2軒目だ。同ブランドは、圧倒的な非日常性を持つ高級旅館のみに使う。星のや京都は、星野リゾートにとって重要な戦略的プロジェクトである。

開業を前に、星野社長は驚きの人事を発表した。それまで旅館で働いたことがない菊池昌枝氏をいきなり星のや京都の総支配人に抜てきしたのである。関係者はあまりの大胆な人事に驚くばかりだった。

菊池氏自身も驚いたが、本人には周囲が思うほど不安がなかった。「顧客満足度を踏まえながら戦略を高めていくという星野リゾートの発想は、これまでと変わらないと思った。だからあまり心配しなかった」

菊池氏は大学を卒業後、花王の子会社のニベア花王に勤務し、化粧品のエリアマーケティングやブランドマーケティングを約9年間担当した。その後、米国系の化粧品メーカーに移り、マーケティング担当となった。

順調なキャリアを歩んでいた菊池氏だったが、やがてメーカーでの商品作りに疲れ、エコロジーに関心を持つようになった。そんなとき、ふとしたきっかけで星野リゾートのことを知った。「サービス業の会社で、しかも軽井沢にある」。そんな理由から菊池氏は、化粧品メーカーとは全く業種が違う星野リゾートへの転職を決めた。

星野社長は、菊池氏に前職の経験を生かしてもらおうと、ブライダル部門の広告担当に配属した。ブライダル事業には全くの素人だったが、「対象がモノからサービスに変わっただけで、マーケティングの基本は変わらない」。菊池氏はこう気づき、新しい環境にすぐに溶け込んだ。

メーカー勤務時代は「今さら教科書なんて」今は「教科書は役立つ」と読み返す日々

忙しく働く中で、菊池氏は星野社長の考え方を少しずつ知るようになった。ちょっとした会話の中でも「これはあの理論だ」と説明する。菊池氏にはそれが非常に新鮮だった。「メーカーで働いていたころは、『教科書なんて、古くさくて役に立たない』と思っていた。ところが星野リゾートは教科書的な発想を重視していた」。

その象徴が全国の施設で働く広報・マーケティング担当者が毎年参加する研修会だった。研修会の狙いは、過去1年間に達成できたことと達成できなかったことを仕分けし、その理由を教科書的なロジックを使いながら徹底的に検証することだ。議論を深めるために2泊3日とたっぷり時間を取り、アドバイザーとしてマーケティングを専門とする大学教授も招いた。

星野社長は研修会にフル参加し、「なぜなんだろう」と社員に問いかけ、考え続けていた。「振り返り」に全力を注ぐその様子に、菊池氏は衝撃を受けた。

菊池氏は星野リゾートでのキャリアを積み重ねながら、次第に「教科書は実際の経営に役立つ」と分かった。すると縁遠かった教科書がぐっと身近になり、何か分からないことがあると、自分で教科書を取り出して、読み返すようになった。

星のや京都の開業に向けて準備が進む中、星野社長は、菊池氏を熱海の伊豆山にある旅館「蓬莱」に送り出した。江戸時代創業の「蓬莱」は多くの文化人に愛されてきた名旅館である。経営に行き詰まり、星野リゾート入りしたが、名旅館を育てた「名おかみ」の古谷青游《ふるたにせいゆう》氏は健在である。

菊池氏は古谷氏から教えを受けた。高級旅館のサービスの何たるかを知った経験は、菊池氏にとってかけがえのないものになった。

マーケティングなどの理論を教科書から学び、伝統が培ってきたおもてなしを先達から学ぶ。星野リゾートの人材育成は、その両者が溶け合う。

星のや京都の開業後、菊池氏はそれまで担当したことがない財務などで多少の苦労をしながらも、顧客満足度を高める新しいプロジェクトをいくつも立ち上げるなど、積極的に動いている。「顧客満足度を上げることは、『ここに取り組めばいい』というほど単純ではない。しかし、どの要素とどの要素が結びついているのか相関関係を探れば、何をすべきか分かってくる。現場での経験を生かしながら、『今週の数字を入れれば、来週必要な顧客満足度向上の取り組みが分かる』というところまで、仕組みづくりを進めたい」と語る。

ユニクロの米国進出担当者や外資系コンサルからの出戻りも

菊池氏のように、星野リゾートの幹部社員は、異業種から転職してきた人が少なくない。前職はメーカー、総合商社、百貨店、コンサルティング会社など多岐にわたる。それまで観光業と無縁だった人がずらりと並ぶ。

貴祥庵の植田耕司総支配人もそんな1人だ。もともとDJになろうと考えて、四国から上京した。その夢はかなわなかったが、機械部品などを取り扱う商社のミスミグループを経て、「ユニクロ」のファーストリテイリングに入った。ユニクロの米国進出に当たって、植田氏は最前線で働く社員の1人として、店舗開発や人材開発などの業務をこなした。

植田氏は4年前、星野リゾートに入社した。「星野リゾートを含めて、私が在籍した3社は、いずれも非常にロジカルな経営をしている。社員が熱心に議論しながら試行錯誤をして、仕組みを磨いている点は共通している」。

その植田氏が星野リゾートの特徴と感じていることがある。それは星野社長が社員に対する説明を重視している点だ。「経営判断をするときに、星野は方針を示してから、さらにその理由を分かりやすく説明している。だから社員は納得感を持ちながら仕事に取り組める」。

旅館運営事業全般を担当する松山知樹取締役は、大手コンサルティングのボストンコンサルティンググループと星野リゾートの間を往復してきた。

もともとボストンコンサルティングで働いていた松山氏は、「軽井沢で暮らしたい」と考えて星野リゾートに入社し、サービス効率化のプロジェクトを手がけた。プロジェクトが終了し、「再び東京に戻ろう」と考えた松山氏は、ボストンコンサルティングに再入社した。やがて星野社長に「戻ってこないか」と誘われ、星野リゾートに舞い戻った。

「星野リゾートは戦略的な考え方がコンサルティング会社の発想に近い。だから何の違和感もなく仕事ができる」と松山氏は語る。

多様なバックグラウンドを持つ社員が活躍できるのは、星野社長が教科書に基づいた合理的な経営を実践している影響が大きい。明快な戦略の下、社員に基本的な考え方を浸透させることによって、この業界の知識や経験がなかった社員でも戸惑わずに働ける。「未経験者歓迎」でさまざまなキャリアを持つ人材を集め、持っている力を発揮してもらう――。星野リゾートが日本各地に運営施設を広げ、業績を伸ばしている原動力は、人のパワーを生かしていることである。

ロジカルな発想を磨くため手作りの研修プログラム

もちろん星野リゾートに在籍しているからといって、すべての社員が最初から教科書的な発想を身につけているわけではない。

それまでロジカルな発想と無縁だった人も入社しているし、新卒で入ってくる若い社員もたくさんいる。新しく運営を引き受けた旅館やホテルは、原則として社員も引き継ぐので、「仕事のあり方を理屈で考えたことが一度もない」「社内で議論をした経験が全くない」という社員も加わってくる。

こうした社員に力を発揮してもらうために、星野リゾートでは教科書的な考え方を身につけるトレーニングを行っている。

その1つが、社員研修プログラム「麓村塾」である。「ロジカルシンキング」や「マーケティング」といった講座が設けられている。

麓村塾は社員が講師となり、旅館・ホテルにまつわるさまざまな知識をセミナー形式で学ぶ。すべて手作りのオリジナルプログラムで、希望する社員は、原則として誰でも自由に参加できる。

マーケティングの講座は、星野社長が自ら講師を務める。1泊2日のプログラムをすべて担当し、参加する社員とじっくり向き合う。

教科書的な考え方を理解してもらうために、星野社長はかつて勉強会も開いてきた。テキストにする本を星野社長が選び、毎月1、2回のペースでその内容について議論してきた。社員は担当するパートについて考えたことを発表し、星野社長がコメントしながら本に対する理解を深めた。勉強会で知識をつけ、教科書的な発想を磨いた社員が、今では現場の中核を担い、星野リゾート流の仕事のやり方を現場で伝えている。

押しつけるのでなく自分で身につけてもらう

裏磐梯猫魔ホテルの小林康雄総支配人は、星野社長の父の時代から星野リゾートに勤務している。星野社長より8歳年上で、経営改革の前から星野リゾートを知る数少ない社員である。

小林氏は、星野社長が高校生だったころから知っている。大学生のときに弟の究道専務とともにアイスホッケーに打ち込んでいる姿を今でもよく覚えている。

小林氏は星野社長の改革に賛同し、自分も力になりたいと考えた。だが、「それまで周りにいるどの社員よりも直感的に発想していた」ため、教科書的な考え方に縁がなかった。「自分も新しい考え方を身につける必要がある」と強く感じた小林氏は、社内の研修プログラムを受けた。ロジカルシンキングの本を自分で探して読むなどの努力を続けた。

その小林氏の目には、かつて星野社長は、自分の思い通りに進まない状況にいら立っているように見えることがあったたという。それでも、自分の気持ちを抑えて、社員が自分で動き始めるのを見守っていたという。

タラサ志摩ホテル&リゾートの鎌田洋総支配人は、外資系ホテルを経て星野リゾートに入った。転職組の1人だが、星野リゾートでのキャリアは17年と長い。鎌田氏は「星野はロジックによって社員を引っ張るが、それを押しつけたことはない。社員に自分で考えさせながら浸透させてきた部分が大きいと思う」と語る。

星野社長は、「学生時代はアイスホッケーばかりやっていて、勉強はしていなかった」。大学卒業後、米国留学などを経て、教科書的な発想を身につけた。星野リゾートに入り、社長になり、教科書から学んだことを生かして経営改革に取り組み始めた。

経営改革は一筋縄では進まなかった。それでも星野社長は自分の判断を信じ、あきらめず、あせらず、改革を続けた。「教科書通りの経営」をやり切る姿勢が会社を強くした。

創業の地である長野県軽井沢町には、「星のや軽井沢」や「ホテルブレストンコート」などがあり、約500人の社員が働いている。2009年11月、その全社員を集めて、星野社長は経営計画を説明した。この日、軽井沢にある施設は丸1日休業した

中沢康彦

1966年生まれ。慶応義塾大学経済学部卒業。新聞社記者を経て日経BP社に入社。「日経ビジネス」記者などを経て、現在、「日経トップリーダー」副編集長。著書に『星野リゾートの事件簿　なぜ、お客様はもう一度来てくれたのか?』(日経BP社)がある。

日経トップリーダー

企業経営の実践的ケーススタディーを中心とするビジネス誌(月刊)。1984年創刊の「日経ベンチャー」が生まれ変わって2009年4月に誕生した。「明日の一流企業を育てる経営者」の意思決定に役立つ記事が満載。毎号の特集では、現代の名経営者の発想、高収益企業の独自のノウハウなどを徹底取材し、分かりやすく解説する。マーケティング、人材育成、現場改善など業績向上の具体策、経営の原理原則を知るベテラン経営者の教え、失敗事例の研究などの連載も充実。日経BP社発行。

星野リゾートの教科書

サービスと利益　両立の法則

2010年 4月19日　初版第1刷発行
2012年 5月17日　　　第12刷発行

著　者	中沢 康彦
編　集	日経トップリーダー
発行人	廣松 隆志
発　行	日経BP社
発　売	日経BPマーケティング 〒108-8646 東京都港区白金1-17-3
装丁・本文デザイン・DTP	エステム
印刷・製本	図書印刷株式会社

©日経BP社 2010

ISBN978-4-8222-6411-6

本書の無断複写・複製(コピー等)は著作権法上の例外を除き、禁じられています。購入者以外の第三者による電子データ化及び電子書籍化は、私的使用を含め一切認められておりません。
落丁本、乱丁本はお取り替えいたします。

Printed in Japan

NIKKEI TOP LEADER 日経トップリーダー

現代の名経営者の
「成功の本質」を解き明かし、
隠れた高収益企業の
「独自のノウハウ」を発掘します

日経トップリーダーのご購読、バックナンバーのお求めは、
お電話、インターネットでお申し込みください。

申し込み受付専用ダイヤル

0120-21-0546 年中無休(9:00 ～ 22:00)
携帯電話・PHSからは03-5696-6000

日経トップリーダー ONLINEのウェブサイト

http://nvc.nikkeibp.co.jp/

「年間購読お申し込み」「バックナンバー」のコーナーからお申し込みいただけます。

日経トップリーダー　書籍のご案内

星野リゾートの事件簿

なぜ、お客様はもう一度来てくれたのか？

星野流の「人を活かす再生」によって、自分で考え、積極的に意見を出すようになった旅館やホテルのスタッフが、戸惑い、壁に突き当たりながらも、お客様を満足させるサービスを生み出した――。日経ベンチャー（日経トップリーダーの前身）に連載されたノンフィクションに大幅に加筆。書き下ろしの新ストーリーとして、日本を代表する名旅館「蓬莱」を舞台にした「名おかみの決断」を追加。

著者　：中沢康彦
編集　：日経トップリーダー
発行　：日経BP社
発売　：日経BP出版センター
定価　：1575円（税込み）
ISBN ：978-4-8222-6543-4

顧客の心をつかむ
指名ナンバーワン企業

なぜ、利益率が高いのか？
なぜ、生き残れたのか？
常識をくつがえした20社！

編集　：日経トップリーダー
発行　：日経BP社
発売　：日経BP出版センター
定価　：1575円（税込み）
ISBN ：978-4-8222-6410-9